Hermann Markgraf

Der Breslauer Ring und seine Bedeutung für die Stadt

Hermann Markgraf

Der Breslauer Ring und seine Bedeutung für die Stadt

ISBN/EAN: 9783744623094

Hergestellt in Europa, USA, Kanada, Australien, Japan

Cover: Foto ©ninafisch / pixelio.de

Weitere Bücher finden Sie auf **www.hansebooks.com**

Mittheilungen
aus dem Stadtarchiv und der Stadtbibliothek zu Breslau.
Erstes Heft.

Der Breslauer Ring

und seine Bedeutung für die Stadt.

Herm. Markgraf.

Mit einem Plan des Ringes im Anfang des 19. Jahrhunderts.

Breslau 1894.
Verlag von E. Morgenstern.

Vorwort.

Die „Mittheilungen aus dem Stadtarchiv und der Stadtbibliothek zu Breslau" sind von den Beamten dieser in der Verwaltung vereinigten Institute geplant. Die Mittheilungen wollen sich keineswegs auf archivarische und bibliothekarische Arbeiten, zu denen der hier in Breslau vorhandene Stoff Anlaß gibt, beschränken, sondern auch zusammenfassende, immer die Gegenwart berücksichtigende Darstellungen aus den verschiedensten Gebieten der Geschichte Breslaus bringen. Sie sollen in zwangloser Folge und in Heften von ca. 6—10 Bogen erscheinen. Das zweite Heft wird zunächst die räumliche Entwickelung der Stadt und ihrer Straßen behandeln, dann werden andere über die geschichtliche Ausbildung der einzelnen Verwaltungsgebiete, über die Handelsbedeutung der Stadt u. s. w. neben solchen über das Archiv und die Bibliothek oder aus denselben folgen.

Inhalts-Verzeichniß.

	Seite
I. Die Kammern, Krame, Bänke, Bauden. Die Waage	1
II. Das Rathhaus in seiner ursprünglichen Einrichtung	20
III. Das Leinwandhaus und die ersten Wohnhäuser	32
IV. Die Umgestaltung des Rathhauses im 17. und 18. Jahrhundert	36
V. Die Aufhebung der Gerechtigkeiten. Das Stadthaus. Die Denkmäler	45
VI. Das Rathhaus im 19. Jahrhundert. Die Beschaffung neuer Verwaltungsräume	64
VII. Der Ankauf und Abbruch der Bauden	71
VIII. Der Ring als Huldigungsstätte. Die Ringseiten	76
Anmerkungen	82
Beilagen	86

I.

Die Kammern, Krame, Bänke, Buden. Die Waage.

So wenig wir Genaueres darüber wissen, in welcher Weise unsere jetzige deutsche Stadt Breslau, nach der Niederbrennung des alten slavischen Ortes hierselbst durch die Tataren im Jahre 1241, neu gegründet worden ist, so darf doch das Eine als ausgemacht gelten, daß von dieser Neugründung ab der Ring den Mittelpunkt der Stadt gebildet hat. Es entspricht der für alle Städte im ostdeutschen Coloniallande giltigen Regel, daß derselbe von vornherein in gewaltigem Umfang und regelmäßiger Form abgemessen wurde, weil er zur Aufnahme alles Marktverkehrs der neuen deutschen Gemeinde bestimmt war.

Die Bezeichnung Ring darf in keiner Weise die Vorstellung erwecken, als habe der Platz jemals eine runde Gestalt gehabt; das ist weder hier noch in anderen schlesischen, böhmischen, deutsch-ungarischen, polnischen Städten, wo der Ausdruck zu Hause ist, zur Zeit der Fall, noch ist es früher der Fall gewesen. Westlich von Schlesien wird der Ausdruck nicht mehr gebraucht, und es ist deshalb wohl die Ansicht aufgestellt worden, daß das Wort Ring in dieser Bedeutung aus dem polnischen rynek oder böhmischen rynk stamme oder an dasselbe angeglichen sei, wie man dann auch den sehr bedeutenden Umfang dieser

Marktplätze oder Ringe als eine slavische Einrichtung angesehen hat. Aber es ist doch wahrscheinlicher, daß unsere slavischen Nachbarn, bei denen sich städtisches Wesen erst später entwickelt hat, als bei den Deutschen, die Bezeichnung mit der Sache selbst erst von den in ihre Gebiete vordringenden Deutschen übernommen haben; erscheint doch ihren Lexikographen selbst das Wort rynk (rynek), nicht als ein von slavischer Wurzel abstammendes. Die im Vergleich zum Westen auffällige Größe der Marktplätze erklärt sich eben aus dem Wesen der Colonialstädte, deren Gründer in den meisten Fällen wie hier in Breslau aus dem Vollen zu wirthschaften in der Lage waren. Wir dürfen also wohl bis auf bessere Belehrung daran festhalten, daß das Wort Ring deutschen Ursprung habe, und daß es aus dem weitern Begriff eines Platzes, für den sich im Mittelhochdeutschen Belege finden, gerade in dem ostdeutschen Coloniallande zu dem engern Begriff des städtischen Marktplatzes übergegangen sei. An die Avarenringe zu denken bringt auch nicht weiter.

Das Häuserviereck, das wir jetzt, wie in vielen anderen schlesischen Städten, so auch hier in der Mitte des Ringes erblicken, ist erst allmählich aus niedrigen Kauf- und Verkaufsstätten verschiedener Art, die im öffentlichen Interesse der Stadtgemeinde vom Landesherrn oder von der Stadtobrigkeit errichtet waren, hier wie anderswo emporgewachsen.

Auch das dem Häuserviereck auf der halben Südseite vorgelagerte Rathhaus hat nicht von Anfang an auf demselben Flecke gestanden. Wie weit die alte Tradition, daß der erste Rathhausbau innerhalb der Häuserreihe gestanden habe, die sich an der Ostseite des Ringes hinzieht, an der Stelle des heutigen Hauses Ring 30, auf Wahrheit beruht, kann freilich nicht mehr festgestellt werden, doch erben sich dergleichen Erinnerungen erfahrungsgemäß sehr lange Zeiten fort[1]). Daß der neue Bau, dessen erste Erwähnung bis in's Jahr 1327 hinaufzurücken ist, erst unternommen wurde, nachdem die erwähnten Kaufstätten unverrückbar feste Plätze gewonnen hatten, lehrt der Augenschein.

Auch in kleineren Städten, z. B. in Golbberg, einer der ältesten deutschen Städte Schlesiens, hat eher ein Kaufhaus als ein Rathhaus auf dem Markte gestanden; auch dort wurde letzteres erst 1327 errichtet. Liegnitz erhält 1318 von seinem Herzog das Recht zur Erbauung eines Rathhauses.

Daß der Zweck einer im östlichen Coloniallande errichteten Stadt wie Breslau von vornherein der war, einen Handelsplatz für aus der Fremde eingeführte oder auch an Ort und Stelle erzeugte Waaren zu schaffen, kann gar keinem Zweifel unterliegen. In der Gründung eines solchen Platzes erhofften nicht nur die deutschen Einwanderer sich eine vielversprechende Zukunft zu sichern, sondern auch der Landesherr, der den Platz dazu aus seinem Besitz hergab, eine Vermehrung seiner fürstlichen Einkünfte und eine Förderung seiner einheimischen Unterthanen zu erzielen.

Ursprünglich gehörte das Recht zum öffentlichen und gewerbsmäßigen Handelsbetriebe dem Landesherrn, hier also in ältester Zeit dem Breslauer Herzog, und wurde von ihm der Bürgerschaft der Stadt aus besonderer Gnade und in der Regel wohl um Geld verliehen. Der Herzog errichtete die ersten Verkaufsstätten oder genehmigte ihre Errichtung, bestimmte ihren Ort und ihre Anzahl und setzte den dafür zu gebenden einmaligen Preis oder die dafür zu leistende dauernde Abgabe fest. Von der Erwerbung einer solchen Stätte aber wurde die

Berechtigung zum öffentlichen Handelsbetrieb für die einzelnen Bürger abhängig gemacht.

Das hängt wieder mit dem dem Mittelalter eigenen Zuge zum genossenschaftlichen Betriebe des Gewerbes und des Handels zusammen, aus dem unser ganzes Innungswesen hervorgegangen ist. Diesem Zuge entsprechend wurden in der neuen deutschen Stadt Breslau den einzelnen Gewerbebetrieben besondere Straßen eingeräumt, woran noch eine Reihe unserer Straßennamen, wie Schmiedebrücke, Schuhbrücke, Kürschnerbrücke (alter Name der Ohlauer Straße), Büttnergasse, Messergasse u. s. w. erinnern, der Ring aber ausschließlich zur Aufnahme des Marktverkehrs und aller dazu von der Obrigkeit getroffenen Einrichtungen bestimmt. Der Betrieb dieser Einrichtungen war durchaus ein genossenschaftlicher. Eins beruhte auf dem andern. Der Handel war eine öffentliche und privilegirte Beschäftigung, die sich nicht in die Abgeschiedenheit der privaten Wohnung zurückziehen durfte; sie stand allezeit unter der Aufsicht der Genossen und gewissermaßen der ganzen Gemeinde, sie unterlag auch nach allen Richtungen hin den von der Gemeindeobrigkeit erlassenen Vorschriften. Es lag im Geiste dieser Vorschriften, mit Unterbindung der persönlichen Unternehmungslust dahin auszugehen, daß einer wie der andere in gleichen Formen und möglichst gleichem Umfang sein Geschäft betrieb, und es war ihnen aller Orten gemeinsam, auch die Zahl der einmal zu einem bestimmten Handelsbetriebe berechtigten Personen auf die Dauer in derselben Höhe zu erhalten. Als sich Handel und Gewerbe eben erst zu entwickeln begannen, kam es vor allen Dingen darauf an, sie vor etwaiger Concurrenz zu schützen, da auf der gesicherten Leistungsfähigkeit der darin thätigen Bürger die Wohlfahrt der Stadt sich aufbaute. In diesem Sinne schützte auch das sogenannte Meilenrecht die städtische Bürgerschaft gegen jeden vor den Thoren sich aufthuenden Mitbewerb, indem es die Anlage gewerblicher Kaufstätten innerhalb der Bannmeile rings um die Stadt streng untersagte.

Wenn die ihrer Natur nach ältesten und thatsächlich auch am frühesten erwähnten, anscheinend von dem Herzog bei der Neugründung der Stadt dem Vogte derselben überlassenen Verkaufsstätten der Fleischbänke[2]) nicht auf den Ring selbst, obwohl in seine Nähe, da wo noch jetzt hinter der Elisabetkirche die alten Fleischbänke zu sehen sind, verlegt wurden, so mögen hygienische Gründe dazu mitgewirkt haben; die Fleischer hielten auch später nur an dem freien Fleischmarkt, der Sonnabends stattfand, auf der Naschmarktseite feil. Dagegen wurde das Kaufhaus, das schon vor dem Tatarenbrande bestanden hatte, damals wahrscheinlich in der Nähe der Sandbrücke, und auf dessen Räume ursprünglich aller Kauf und Verkauf von importirten Waaren beschränkt war, vom Herzog gleichzeitig mit der Aussetzung der neuen Stadt mitten auf den Ring gesetzt.

Das Kaufhaus bestand aus 40 Kaufkammern in zwei Reihen, 19 auf der Südseite und 21 auf der Nordseite einander gegenüber, von gleicher Breite und Tiefe (7×11 Ellen), auf einen etwa 20 Ellen breiten Gang sich öffnend, in der heutigen Elisabetstraße. Anfänglich war der Gang zwischen den beiden Reihen der Kammern wohl offen und die letzteren nur durch Vordächer gegen Wind und Wetter geschützt gewesen, aber spätestens im 16. Jahrhundert wurde das Dach von beiden Seiten bis in die Mitte des Ganges verlängert und dort auf 21 steinerne Säulenpaare gestützt. Die Unterseite dieser Verlängerung des Daches erhielt eine Holzverschalung, die, in gleichmäßigem Bogen und bunt bemalt, den ganzen Gang entlang lief und vor jeder Kammer durch ein eingeschnittenes Fenster, das dieser Licht zuführte, unterbrochen wurde. Die Thüröffnungen der Kammern bildeten gothische Bogen, dieselben waren durch eiserne Thüren verschließbar; aber nur wenn diese offen standen, konnte das Tageslicht in die Kammern hineinbringen. Bei dieser Art der Beleuchtung blieben die Kammern begreiflicherweise ziemlich finster, so daß sie in erster Reihe eben nur als Waarenlager dienen konnten. Der Kauf und Verkauf spielte sich offenbar innerhalb des bedachten Ganges selbst ab; es konnte also jeder Inhaber einer Kammer nicht nur die Kunden seiner Nachbarn, sondern auch deren Einkäufe genau beobachten. Die Kammern hatten noch zwei obere Geschosse, die allerdings fensterlos und ziemlich niedrig waren; immerhin bildeteten sie ziemlich geräumige Waarenlager, die in der Blüthezeit des Tuchhandels von oben bis unten vollgepackt zu sein pflegten. Zur Verhütung des Umsichgreifens einer etwaigen Feuersgefahr war jede Kammer von der anderen durch Giebelwände geschützt, die bis über das sonst gleichmäßig hinlaufende Dach hinaus gingen. Wenigstens seit dem 17. Jahrhundert hatte jede Kammer ihr Handlungszeichen, nach dem sie benannt wurde[3]). Einige haben sich erhalten und den Häusern der Elisabetstraße Namen gegeben. Durch die Säulenreihe war der Gang in zwei Hälften getheilt, deshalb hatten auch die Zugänge von Morgen und Abend her doppelte Thore. In der Mitte des ersteren Eingangs stand der Streichgaden, von dessen Bedeutung später noch die Rede sein wird.

Die Kammern waren wie in anderen Städten frühzeitig auf den Tuchhandel beschränkt, der hier in Breslau bis zum dreißigjährigen Kriege unzweifelhaft das Hauptgeschäft bildete, weshalb das Kaufhaus in der Folge auch gewöhnlicher den Namen des Tuchhauses (anderwärts Gewandhauses) führte. Der Tuchausschnitt (anderwärts auch Gewandschnitt genannt), war von der Gewinnung des sogenannten Kammerrechts, d. h. von dem Eintritt in die Genossenschaft der zu Kammer stehenden Kaufleute und der Erwerbung einer Kammer abhängig. In älteren Zeiten genügte wohl auch die Erwerbung einer halben Kammer, beim Verfall des Geschäfts, vor der Auflösung der Genossenschaft, waren mehrfach zwei und drei Kammern in einer Hand. Rechtlich erscheinen die Kammern von Anfang an als dem Landesherrn zinsbares, in der Benutzung beschränktes Grundeigenthum ihrer Inhaber. Es zeigt das gewaltige Uebergewicht der Tuchhändler im Stadtregiment, wenn der dem Landesherrn zustehende Kammerzins 1404 auf Kosten der Stadtgemeinde abgelöst und niedergeschlagen wird[1]).

Für den Einzelhandel mit allen anderen Waaren, die man mit der Elle schnitt oder mit dem Pfunde wog, privilegirte im Jahre 1266 der Herzog 47½ Krame, oder da man den letzten halben Kram immer für einen ganzen rechnete, 48 Krame (Reichkrame), die nordwärts vom Kauf- oder Tuchhause, ebenfalls in zwei Reihen einander gegenüber in der Linie des jetzigen Eisenkrams hinliefen. Der Handel mit Eisen hat sich bis heut daselbst behauptet, nachdem alle übrigen Handelszweige sich aus den engen und finsteren Räumen fortgezogen haben. Die südliche Seite dieser Krame stieß an die nördliche Rückwand des Tuchhauses nicht unmittelbar an, sondern war durch einen noch jetzt vorhandenen schmalen Raum von etwa 1¼ m Breite von dieser getrennt. Die nördliche Seite war nach hinten ursprünglich frei, auf den jetzigen Töpferkram ausgehend; die Zählung der Krame begann von Osten her auf der linken Seite, auch sie erlangten seit dem 17. Jahrhundert wenigstens theilweise besondere Zeichen und Schilder. Ihre Räumlichkeiten waren natürlich noch etwas kleiner als die Tuchkammern, da 24 und 23½ einander gegenüber lagen, wodurch Kauf und Verkauf noch mehr auf den Gang gedrängt wurden. Auch sie wurden frühzeitig massiv gebaut und auf beiden Seiten durch ein an der gerade aufgehenden Mauer angebrachtes Pultdach geschützt. Ihre Besitzer haben frühzeitig unregelmäßig in die Höhe gebaut und die oberen Räume nicht blos zu Boden gelassen, die bei dem Raummangel in den Kramen selbst sehr nöthig waren, sondern auch zu Wohnungen benutzt. Diese Krame hießen hier in Breslau wie auch anderwärts Reichkrame, d. h. reiche Krame, im Gegensatz zu den armen Kramen, die in bloßen Buden bestanden, und ihre Inhaber bildeten wieder eine Genossenschaft für sich. Niemand konnte einen Reichkram haben, der nicht zur Reichkrämer-Innung oder Societät, wie es zuletzt hieß, gehörte, und Niemand durfte in einem Krame ein anderes Gewerbe betreiben.

Einen Zins von den Reichkramen hat der Landesherr nicht eingenommen; er hat dieselben alsbald nach der Errichtung oder richtiger Privilegirung an zwei Breslauer Bürger verkauft, die sie dann weiter an andere Bürger zu dem in der erwähnten Weise beschränkten Eigenthumsrecht vereinzelten. Wenn sich die beiden Bürger vom Herzog verbriefen lassen, daß er die Zahl der Krame niemals vermehren und nicht von der Stelle rücken wolle, so waren sie durch die Erfahrung gewitzigt; denn Herzog Heinrich III. hatte so eben im selben Jahre 1266 zu den alten Fleischbänken noch 24 neue am Neumarkt errichtet und für

300 Mark Silbers an drei Unternehmer aus der Bürgerschaft verkauft. Gegen ähnliche Concurrenz schützten sie ihre Krame durch die erwähnte Klausel.

Die Numerirung begann bei den Kramen wie bei den Kammern von Osten her anfangend auf der linken Seite und lief in der Weise fort, daß die letzte Nummer der ersten gegenüber zu liegen kam.

Eine aus dem Privilegien- und Zunftzwang des Mittelalters hervorgehende und nur aus ihm heraus verständliche Ordnung bestimmte, daß die Reichkrämer die Waaren, die sie in ihren Kramen vereinzelten, ausschließlich von den einheimischen Kaufleuten beziehen sollten. Die Akten der letzten Jahrhunderte zeigen, wie schwer die Reichkrämer bei allmählich entwickelten Importverhältnissen diese Beschränkung empfanden, wie hartnäckig aber die Kaufleute darauf hielten.

Dann wieder gestattete der Herzog der neuen Stadtobrigkeit, dem jährlich neu gewählten, oder richtiger sich selbst ergänzenden Rathe, seinerseits Brotbänke anzulegen; mit 16 beginnend, wurden dieselben allmählich bis auf 78 vermehrt. Dazu kommen wenig später noch Schuh- und Lederbänke, deren Zahl bis auf 86 steigt, und deren Errichtung der Landesherr ebenfalls dem Rathe überließ. Diese, den Kammern und Kramen gegenüber noch erheblich kleineren Verkaufsstellen, bildeten nordwärts von den beiden bereits beschriebenen eine dritte Doppelreihe, die, anfänglich von Holz, erst im 14. Jahrhundert gemauert worden zu sein scheint. Da sich die Zahl der Bänke so sehr vermehrte, legte man noch eine Doppelreihe in der Mitte des Zwischenganges an, was den Platz freilich sehr verengte. Noch schlimmer wurde es, als man in der Mitte eine

Reihe starker Pfeiler aufstellte und auf diese und auf die Seitenwände der Bänke noch ein den ganzen Gang bedeckendes und verfinsterndes Stockwerk aufsetzte, das ebenfalls als Kaufhaus diente. Seitdem bekam der Gang nur ein seitliches Oberlicht. Die dieses Licht gewährenden Fenster konnten nur an der südlichen Seitenwand in ziemlicher Höhe angebracht werden, weil sich inzwischen an diese Seitenwand von außen auch wieder neue Verkaufsstätten angelehnt hatten, die die Wände bis zu gewisser Höhe verdeckten. Auf der nördlichen Seite wuchsen diese Verkaufsstätten schon am Ende des Mittelalters sogar zu Häusern heran, die von dort her gar kein Licht hereinließen. Man nannte daher die nördliche Reihe der Bänke mit großem Recht die finstere Zeile, die südliche verdiente nur im Gegensatz dazu den Namen der lichten Zeile. Gegenüber unseren modernen Ansprüchen an Licht und Luft erscheinen diese Bänke unglaublich klein und dunkel; der größere Theil wurde seit der Errichtung des oberen Geschosses, in der zweiten Hälfte des 14. Jahrhunderts zu finsteren Löchern herabgedrückt.

Ursprünglich nannte man nur das obere Geschoß, in welchem anfangs verschiedene Waaren feilgehalten wurden, bis man es später auf einige größere Gruppen beschränkte, in der Folge jedoch den ganzen Bau das Schmetterhaus, eine Bezeichnung, die auch in anderen schlesischen oder polnischen Städten die in oder am Rathhaus befindlichen Kaufhäuser führten. Die Bedeutung des heutzutage nicht mehr verständlichen Namens wird durch die lateinische Bezeichnung locutorium, garrulatorium klargestellt; er ist also von dem Lärm der durcheinander redenden Käufer und Verkäufer hergenommen[5]). Vier Treppen führten von allen Seiten zum oberen Stockwerk.

Weder die Besitzer der Bänke im unteren Geschoß noch die Stelleninhaber im oberen konnten an dieses von der Stadtbehörde errichtete Gebäude ein ähnliches Eigenthumsrecht geltend machen, wie die Tuchhändler und Reichkrämer an ihre vom Landesherrn errichteten und ihnen zum Eigenthum vergebenen Kaufhäuser. Sie waren, soweit urkundliche Zeugnisse hinaufreichen, für ihre Bänke der Stadt in derselben Weise erbzinspflichtig, wie die Inhaber aller übrigen Localitäten, die auf einem nicht von vornherein zu privatem Eigenthum ausgethanen, sondern gemeiner Stadt verbliebenen Grund und Boden entstanden waren.

So entstanden also frühzeitig auf dem Ringe in westöstlicher Richtung drei Reihen fester Verkaufsstätten, die theils der Landesherr, theils die Stadtobrigkeit im Interesse des öffentlichen Handelsverkehrs errichtet und an bestimmte Gruppen von Verkäufern übergeben hatte. Alle drei Reihen konnten im Osten und Westen an den Eingängen bezw. Ausgängen geschlossen werden, namentlich seitdem sie im 15. Jahrhundert steinerne Portale bekommen hatten, die die baufreudige Zeit nicht des künstlerischen Schmuckes entbehren ließ. Sie waren auch durch einen noch jetzt vorhandenen schmalen Gang, der von Norden nach Süden lief, in je eine kürzere westliche und eine längere östliche Hälfte geschieden. Auch dieser Durchgang war verschließbar[6]).

Hierzu tritt nun auf demselben Ringe mit den Lauben oder Bauden noch eine neue Gattung von Verkaufsstätten, die nicht von vornherein gleich den Kammern, Kramen, Bänken, feste gemauerte Stellen, sondern ursprünglich nur bewegliche Buden oder Schragen, Schrannen gehabt haben, größtentheils aber im Laufe der Zeit auch zu grundfesten Stellen gelangt sind. Von einer besonderen landesherrlichen Vollmacht zur Errichtung von Bauden ist nicht mehr die Rede, ihre Errichtung genehmigte der Rath als Verwalter des städtischen Marktrechtes. Dergleichen Bauden oder Lauben entstanden eine sehr große Menge; sie schieden sich allmählich mit der Weiterentwickelung des städtischen Gewerbewesens in bestimmte Arten mit wechselnden Plätzen und mannigfachen Rechtsverhältnissen, auf die hier einzugehen nicht der Ort ist. Bemerkenswerth tritt zunächst hervor, daß in dem noch frei gebliebenen Raum zwischen den Reichkramen und dem Schmetterhause sich früh die Leinwandbauden einschoben. Diese Bauden, gewöhnlicher Lauben genannt, deren Zahl bis auf 38 stieg, werden schon im Mittelalter grundfest. Schon 1414 als Leinwandgasse (leimetgasse) erwähnt, später gewöhnlich als Leinwandreißergang bezeichnet, lagen sie auch in zwei, jedoch ungleichen Reihen einander gegenüber. Die größere Anzahl stand in der nördlichen Reihe, an das Schmetterhaus und westlich an's Hopfenhaus angelehnt. Daß sie den Raum zwischen dem Schmetterhause und den Reichkramen überaus eng und winkelig machten, wie denn auch noch jetzt die Unregelmäßigkeiten in den Fluchtlinien des jetzigen Töpferkrams darin ihren geschichtlichen Ursprung haben, gab zur Zeit ihrer Anlage wenig Anstoß, lieferten sie doch Verkaufsstellen für den Gewerbsartikel, der allerdings später aufkam und Mode wurde als die Wollengewebe, aber bereits seit dem ausgehenden 14. Jahrhundert, in der schlesischen Hauptstadt den nächsten Platz hinter dem Tuche einnahm. Die Leinwandbauden hatten gleich den Tuchkammern besondere Zeichen und Schilder.

Wiederum dem Schmetterhause dicht nördlich vorgelagert entstand auch frühzeitig eine unregelmäßige Reihe von Kramen und Bauden, die, weil später hauptsächlich Riemer und Sattler hier feilhielten, allmählich die Bezeichnung „unter den Riemern und Sattlern", später „Riemerzeile" gewann. Im westlichen Theile dieser Reihe stand ursprünglich eine Anzahl Schmer=bauden, an der östlichen Beutler= und Täschnerbauden.

Die meisten Bauden standen von jeher auf der breiten Ostseite des Ringes. Ursprünglich waren es bewegliche Schragen, die des Morgens aufgesetzt, des Abends abgeräumt wurden; auch standen sie in ältester Zeit drei Tage dort, drei Tage auf dem Neumarkt. Die hier ihre Waaren von ge=ringerem Werth feilbietenden Händler hießen die armen Krämer, im Gegensatz zu den reichen Krämern, den In=habern der alten festen Krame*). Aus den armen Krämern entwickelte sich schon im Beginne des 15. Jahrhunderts die Zunft der Partkrämer, die mit allen möglichen Waaren, welche stückweise, per partes, verkauft wurden, Handel trieben und recht gute Geschäfte machten, sodaß sie sich mit der Zeit zum dritten Handelsstand Breslaus hinter den Kaufleuten und den Reichkrämern emporhoben. Als sie sich 1435 zu einer Innung zusammenschlossen, hatten sie bereits ständige Bauden erlangt, die nur zu den Zeiten der vier Jahrmärkte weggeschafft werden mußten. Außerdem gewannen verschiedene Handwerke, wie die schon erwähnten Täschner, die Handschuhmacher, Nadler, Gürtler, die Hutmacher, die Weißgerber u. a. m. für ihre Waaren Verkaufsstellen, die freilich längere Zeit nur mit be=

---

*) Nicht nur im Publikum, sondern auch in Büchern begegnet man wohl dem Ausdruck Reichskrämer. Derselbe ist ganz sinnlos.

weglichen Schragen und nur an bestimmten Wochentagen besetzt werden durften, allmählich aber auch zu festen Bauden führten. Die Zahl derselben mehrte sich natürlich mit der Entwickelung des Breslauer Handels. Als im Jahre 1612 der Stadtbaumeister in das Gewirr dieser den Platz unregelmäßig bedeckenden und sehr verengenden Bauden auf der Ostseite Ordnung bringen wollte, schlug er vor, die bisherige Zahl von 79 auf 71 zu verringern, sie in Gruppen mit festen Fluchtlinien einzutheilen und ihre Größenverhältnisse genau zu bestimmen. Außerdem wollte er noch 14 kleinere Bäublein an den Eingängen der Kammern, Krame und Bänke aufstellen. Der von ihm entworfene Plan belehrt uns beiläufig, daß der durch den Streichgaben getheilte Eingang zum Tuchhause 16 Ellen, der zu den Reichkramen 7 Ellen, der zum Leinwandreißergang ebenfalls 7, die beiden zum Schmetterhause bezw. zu den Schuhbänken je 3 Ellen Breite hatten.

Auch auf die schmalere Südseite herum zogen sich frühzeitig feste Bauden, so vor dem Rathhause zu beiden Seiten des Eingangs zum Schweidnitzer Keller und weiter westlich die Heringsbauden und die Salzbauden, die allerdings schon 1569 fortgewiesen wurden[1]), die Salzbauden auf den Salzring (jetzt Blücherplatz), die Heringsbauden auf den Neumarkt.

Als Breslaus Handel und Wohlstand nach dem dreißigjährigen Kriege zurückging, um sich erst in unserm Jahrhundert wieder zu heben, verminderte sich keineswegs die Zahl der Bauden; im Gegentheil ist die Tendenz unverkennbar, dem sinkenden Geschäftsbetriebe durch Erleichterung des Verkaufs, hier also durch Gewährung immer neuer Schragen oder Bauden zu Hilfe zu kommen. Die Zahl derselben steigerte sich im

18. Jahrhundert derartig, daß der Ring fortwährend den Eindruck des Jahrmarktes machte.

Auf der Nordseite des Ringes gab es außerhalb der Riemerzeile von jeher wenig feste Bauden, sondern meist nur bewegliche Schragen oder Tische zur Feilbietung von Lebensmitteln, von „essender Waare". Noch heute ist die Bezeichnung Obstmarkt oder Naschmarkt daher gebräuchlich. Im Jahre 1456 erläßt der Rath eine Verordnung, daß die Höker essende Waare und zumal Wildpret und Geflügel weder vor noch in der Stadt aufkaufen dürfen, sondern man soll es auf den Markt offenbar kommen lassen, vor Arm und Reich; und die Höker sollen Nichts davon weder vor Essens noch nach Essens kaufen. Aepfel, Nüsse und ander Obst mögen die Höker wohl kaufen, aber nicht eher, als bis der Hut, das Zeichen, abgenommen wird. Durch Aufrichtung und Abnahme bestimmter Zeichen wurden auch anderwärts die Marktstunden geregelt. Auf dem Naschmarkt fanden Montags und Donnerstags die freien Brotmärkte statt, deren ersten Herzog Heinrich VI. 1327 und deren andern Karl IV. 1349 eingeführt hatten. An diesen Markttagen hielten neben den städtischen Bäckern auch solche vom Lande feil, letztere jedoch auf dem Salzring. In ähnlicher Weise fand des Sonnabends ein vom König Wenzel 1387 bewilligter freier Fleischmarkt statt, wobei die Fleischer alter und neuer Bänke ebenfalls auf dem großen Ringe, die Geisler und Landfleischer auf dem Salzring feilhielten[8]). In der östlichen Hälfte der Nordseite war auch vom 14. bis 18. Jahrhundert der Tandel- oder Trödelmarkt.

Wenn der breite Platz im Westen außerhalb der Wochenmarkts- und Jahrmarktszeiten fast leer von Bauden und

Kramen war, so diente er auch seinerseits dem öffentlichen Handelsverkehr, insofern hier die große Stadtwaage stand, auf welcher die zu Kauf und Verkauf kommenden Güter öffentlich durch das städtische Waageamt gegen Entrichtung bestimmter Waagegebühren abgewogen wurden. Jedes Quantum Waare, das über einen Centner im Gewichte betrug, mußte beim Verkauf auf der Stadtwaage gewogen werden. Schon 1352 ist dies auf alle nach dem Gewicht verkauften Waaren ausgedehnt. Seine große Bedeutung erhielt indeß das städtische Waagerecht durch die Verbindung mit dem freilich viel bestrittenen und nie recht durchgeführten Niederlags- oder Stapelrecht, wonach alle die Oder von Osten oder von Westen her berührenden Kaufmannsgüter hier niedergelegt, d. h. ausgepackt und zum Verkauf gestellt werden, zu dem Zwecke also auch verwogen werden mußten. Daher hieß der die Waage umgebende, stets mit Frachtstücken und Frachtfuhrwerken bedeckte Platz kurzweg die Niederlage. Ebenso besorgte Jahrhunderte lang ein städtisches Schrotamt den Transport der verwogenen Güter nach ihren Bestimmungsorten in der Stadt oder schrieb später den Händlern bestimmte Sätze für die Vermittelung des innerstädtischen Güterverkehrs vor. In Zeiten der Noth mußten Waage- und Schrotamt herhalten, durch Erhöhung der Sätze die städtischen Einnahmen bessern zu helfen.

Neben der großen Waage auf dem freien Platze, die alle älteren Abbildungen des Ringes bis zum Jahre 1846 aufweisen, stand zwischen den westlichen Ausgängen der Tuchkammern und der Reichkrame noch die kleine Waage für weniger in's Gewicht fallende Waaren. Nordwärts vom Ausgange der Reichkrame folgte dann das Hopfenhaus. Da der Hopfenhandel ein städtisches Monopol war, wurde er auf dieses Haus concentrirt und jeder Verkauf von Hopfen außerhalb desselben bestraft. Neben dem Hopfenhause lag dann noch das Weinschröterhäuschen, wo sich die Schrotknechte, der Aufträge harrend, aufzuhalten pflegten.

Wiederum südlich von der kleinen Waage, an der Westecke des Kaufhauses, fand sich der ursprünglich landesherrliche, seit 1334 für die Stadt erworbene Brenngaden, in dem Edelmetalle gereinigt und in Barrenform gegossen oder sonst für die Münze zurecht gemacht wurden. Hier ließ der Kaufmann auch Gold und Silber probiren und abwiegen, Gehalt und Gewicht amtlich bescheinigen. Ein solcher Brenngaden war in Zeiten, wo das Edelmetall noch häufig in Barrenform als Zahlungsmittel gebraucht wurde, ein dem Handel unentbehrliches Institut und seine Lage dicht am Kaufhaus wohl begründet. Der Brenngaden hatte selbstverständlich das Monopol, Niemand durfte außerhalb desselben Silber brennen oder scheiden.

Aehnlichen Zwecken diente auf der Ostseite der mitten im Eingang zu den Tuchkammern stehende Streichgaden, insofern hier, wie schon oben bemerkt, jedes Stück Tuch, ehe es in's Tuchhaus zum Verkauf eingelassen wurde, gestrichen und gesiegelt, d. h. gemessen und mit der Bezeichnung seines Maßes amtlich versehen wurde. Wiederum zur Begutachtung und Beglaubigung der Schur der Tuche diente der Scheergaden, der am westlichen Ende der Südseite des Tuchhauses lag.

Es entsprach nun einmal den wirthschaftlichen Grundsätzen des Mittelalters, daß aller Handel und Wandel mit Ausnahme des eigentlichen Großhandels, den jeder Bürger ohne Einschränkung frei betreiben durfte, von der Obrigkeit privilegirt und controlirt, sowie im Interesse des genossenschaftlichen und öffentlichen Betriebes nach Möglichkeit auf den Ring concentrirt wurde. Auch der Getreidehandel hatte im südöstlichen Theile desselben seinen Platz erhalten, woran noch jetzt der Name der Kornecke erinnert. Im Jahre 1458 wurde verordnet, daß die Getreideträger nicht auf dem Markte herumlaufen, sondern am Pranger, d. h. an der Staupsäule, bei einander stehen und auf Aufträge warten sollten. Die nordöstliche Ecke des Ringes hieß aus gleichem Grunde die Honigecke, und im südwestlichen Theile war der Fischmarkt. Der Fischhandel war so bedeutend, daß die Stadt bis in den Anfang unseres Jahrhunderts hinein ein eigenes Fischamt hatte; neben der Waage gab es einen besonderen Heringsplatz. Zur Zeit der alten Kirche führte das Fastengebot zu häufigerem Genuß von Fischen, als heutzutage im Binnenlande üblich ist.

Der jetzige Hintermarkt hieß bekanntermaßen ursprünglich Hühnermarkt (schlesisch Hihnermarkt). Dort hatte man im Anfange des 16. Jahrhunderts, als Bartholomäus Stein Breslau beschrieb, Milch, Kräuter, Zwiebeln, Früchte, Obst, Wildpret, Vögel und — Bücher feil. Der Garnmarkt und der Wollmarkt hatten auf der Westseite, in der Nähe der Stadtwaage, ihren Platz. Nothwendig erscheint übrigens die Annahme keineswegs, daß diese zuletzt genannten Märkte, von denen wir immer nur aus gelegentlichen Notizen etwas hören, allesammt von Anfang an Jahrhunderte lang dieselben festen Plätze innegehabt haben. Manche Bezeichnungen gelten wohl auch nicht vom Tages- und Wochenverkehr, sondern nur vom Jahrmarktsverkehr; es gab zu keiner Zeit wöchentliche Wollmärkte.

Zu dem privilegirten, an feste Stellen und bestimmte Schranken gebundenen, immer nur einer begrenzten Anzahl von Bürgern vergönnten Betriebe der einzelnen Zweige des öffentlichen Kleinhandels bildeten nach der Seite einer freien Concurrenz hin eine sehr wohlthätige Ergänzung die Jahrmärkte, die ebenfalls auf dem Ringe abgehalten wurden. Der älteste Jahrmarkt war der Johannismarkt, wahrscheinlich schon vor der Neugründung zu deutschem Recht bestehend[9]); den zweiten, Lätaremarkt, verlieh der Stadt der erste böhmische König Johann 1337, den dritten, Elisabetmarkt, dessen Nachfolger Karl IV. 1374 und den vierten, den Crucismarkt, König Wenzel 1412. Der vierte wurde allerdings im Anfang am Bartholomäustage und erst seit 1481 an Kreuzerhebung abgehalten. Sie dauerten jeder 14 Tage und gestatteten den fremden Verkäufern gegen Erlegung des Standgeldes für den gemietheten Platz die Feilbietung aller Waaren. In diesen Jahrmarktszeiten mußten alle auf dem Ringe stehenden Bauden der Einheimischen zu Gunsten der sonst so sorgsam ausgeschlossenen fremden Concurrenz weichen; doch war es selbstverständlich den Einheimischen nicht verwehrt, unter den von der Stadt aufgestellten Jahrmarktsbauden gegen das übliche Standgeld neben den Fremden feilzuhalten. Mit der Zeit wurden dann die Jahrmärkte auf die Seiten des Ringes eingeschränkt, die frei von festen Bauden geblieben waren. Den größten Ruf und eine weit reichende Bedeutung hatten in den letzten Jahrhunderten bis in die Mitte des unsrigen hinein die Leinwandmärkte und die Wollmärkte. Erstere haben 1859 aufgehört, letztere bestehen noch, haben aber viel von ihrer Wichtigkeit eingebüßt.

II.
Das Rathhaus in seiner ursprünglichen Einrichtung.

Das Eine ist sicher, daß auf dem ganzen großen Ring ursprünglich kein Grundstück gestanden hat, das von vornherein zu unbeschränktem privaten Eigenthum ausgethan gewesen ist. Vielmehr diente der Ring und was auf ihm stand, seiner sich in anderen Städten ähnlich wiederholenden Anlage nach, ausschließlich gemeiner Stadt, dem Handelsverkehr, auf dem dieselbe beruhte, und der der Zweck ihres Daseins war. Nicht zufällig beginnt die Mittheilung des Magdeburger Rechtes an Breslau, die Herzog Heinrich III. 1261 beglaubigte, mit dem Satze: „Die Rathmannen haben die Gewalt, daß sie richten über allerhand falsche Maße und unrechte Waagen und unrechte Scheffel und über unrechte Gewichte und über allerhand Speisekauf und über falschen Kauf" u. s. w. So gehört das Haus der städtischen Obrigkeit, das Rathhaus, recht eigentlich auf den Markt; dort erwuchsen dieser die Pflichten, die ihr in erster Reihe und im größten Umfange oblagen.

Der Rath vereinigte mit seiner durch die Landesobrigkeit wenig eingeschränkten Gewalt, die Stadt zu regieren, nicht nur die eben geschilderte polizeiliche Aufsicht alles Verkehrs, sondern auch die niedere und obere Gerichtsbarkeit, den Blutbann eingeschlossen. Das Gericht saßen die Schöffen, die gleich den eigentlichen Rathsherren alljährlich neu sich selbst aus der Bürgerschaft ergänzten. Es fand keine Wahl durch die Bürgerschaft statt. Rathmannen und Schöffen gehörten zusammen, bildeten gemeinschaftlich den Rath im weiteren Sinne; doch erscheinen die Schöffen hier in Breslau im Gegensatz zu anderen

Städten, auch dem Vorbild und Vorort Magdeburg selbst, den Rathmannen untergeordnet, nur als Gehilfen für die richterliche Thätigkeit derselben. Gleichviel, das städtische Rathhaus mußte sowohl der einen wie der andern Körperschaft Platz zur Ausübung ihrer Thätigkeit gewähren. Es mußte ferner den Raum bieten, auch die Gemeinde der Bürgerschaft selbst in der üblichen Vertretung durch die Geschworenen oder Aeltesten der gewerblichen Corporationen, in die sie sich gliederte, zusammen zu berufen; es gehörte drittens zum Herkommen, daß das Rathhaus auch Räume enthielt, die besonders blühenden Gewerben die Stätte zur Feilbietung ihrer Waaren lieferten, und es bildete endlich den Ort, wo sich die Bürgerschaft auch zu heiterer Geselligkeit, zu Trunk und Spiel, zu Tanz und Hochzeit versammelte.

Das waren in jenen Jahrhunderten des Mittelalters alles Bedürfnisse der Gemeinde, und in kleineren Orten bildete dann wohl das Rathhaus das Gemeindehaus im weitesten Sinne und befriedigte von Gemeinde wegen und ohne private Concurrenz diese Bedürfnisse sämmtlich. Für eine von vornherein im großen Maßstabe angelegte und rasch wachsende Stadt wie Breslau sind die Verhältnisse nie so einfach gewesen.

Als unsere Vorfahren in den zwanziger Jahren des 14. Jahrhunderts das neue Rathhaus an der Stelle, wo es jetzt steht, zu bauen beschlossen, standen die oben beschriebenen Reihen von Kaufstätten bereits, und es war somit eine Anlehnung an dieselben nahe liegend; der Platz vor der östlichen Hälfte der Südseite des Kaufhauses eignete sich am besten dazu, in die Mitte der Südseite konnte man es aus Rücksicht auf den nordsüdlichen Durchgang, der sich in der Stockgasse nach Norden und im Dorotheengäßchen nach Süden weiter fortsetzt, nicht stellen. Das eigentliche Amtshaus, praetorium, erhielt die Front nach Osten und eine nordsüdliche Achsenrichtung, das Kaufhaus die Front nach Süden und eine ostwestliche Achsenrichtung; die flachere und kürzere Westfront wieder mit nordsüdlicher Achsenrichtung bildete das Thurmhaus. Jeder Theil erhielt einen gesonderten Eingang, die beiden Seitenhäuser waren mit dem Langhause nur durch schmale Thüren verbunden. Das Gebäude ist seiner Anlage nach von vornherein zweigeschossig gewesen; um hohe Kellerräume zu gewinnen, war das Erdgeschoß erhöht worden.

Das eigentliche Amtshaus auf der Ostseite enthielt in der Mitte eine größere, zweitheilige, auf einen Mittelpfeiler gestützte Halle, links davon die Räume für die Vogtei, wo der Stadt= vogt als Beamter des Raths die Polizeigewalt ausübte, und rechts mit etwas erhöhtem Fußboden die Rathsstube mit der Kanzlei daneben auf den Hof hinaus; im oberen Geschoß über der Halle die Kapelle, die damals nicht wohl in einem öffent= lichen Gebäude fehlen durfte, und wiederum links davon die Schatzkammer und die Amtsstube der Kämmerei, rechts über der Rathsstube die Schöffenstube mit Kanzlei nach hinten heraus. Mehr Räume brauchte die damalige Verwaltung noch nicht.

Das Langhaus bestand überhaupt nur aus zwei großen Hallen ohne abgetrennte Gemächer; die untere, zu der man in der Mitte der Südseite über dem Eingang des Schweidnitzer Kellers auf einer doppelten Freitreppe einige Stufen hinauf= stieg, war ausschließlich Kaufhalle; zuerst werden 1357 Garn= züger dort feilhaltend genannt; 1420 schreibt die große Hand= werksordnung König Sigismunds den Züchnern vor, ihre Waare nirgend anderswo denn auf dem Kaufhause feilzuhalten; später zumal stehen Kürschner dort, deren Gewerbe zu den blühendsten in der Stadt gehörte. In Jahrmarktszeiten wurde auch dieser Platz an fremde Verkäufer vermiethet, wahrscheinlich wohl auch die obere Halle, deren sonst in älterer Zeit gar keine Erwähnung geschieht, und die ursprünglich sehr einfach gewesen sein dürfte. Als der Hof noch geräumig war, bildeten beide Hallen, mit Fensterreihen nach vorn und nach hinten, wohlbeleuchtete Räume.

Auch das Westhaus hatte in der Mitte eine allerdings kleinere Halle, in die man von dem Fischmarkt her durch die Fischerpforte hinaufstieg; links davon erhob sich der Thurm mit einem Gemach und rechts ein größeres Eckgemach, über dessen Gebrauch im Mittelalter nichts bekannt ist. Von der Westhalle und von der Osthalle her führten in die große Mittelhalle nur kleinere Thüren, die für gewöhnlich wohl verschlossen waren, da die Besucher der verschiedenen Räume mit einander wenig zu thun hatten. Seitdem die Grenzwand zwischen der östlichen und der mittleren Halle weggefallen ist (im Jahre 1876), ist das ursprüngliche Verhältniß der Hallen stark verwischt worden.

Die großen Kellerräume wurden von Anfang an zu wirthschaftlichen Zwecken, namentlich zum Ausschank von Wein und Bier verwerthet. Der Weinschank war in vielen Städten Schlesiens ursprünglich ein Monopol des Rathhauses, und wenn das auch hier in Breslau nicht lange gedauert haben dürfte, so behielt doch die Stadt lange Zeit ein eigenes Weinhaus. Im Jahre 1465 ist die Rede von dem Hause am Ringe, darin die Stadt schweren Wein schenkt, 1471 wird der Stadt Weinhaus am Ringe erwähnt; es ist aber die Lage desselben nicht näher zu bestimmen, wenn es nicht etwa identisch ist mit dem Wälschen Weinhaus am Ringe, das 1472 der Kornecke gegenüber liegt. Das Haus wurde von der Stadt selbst bewirth=

schaftet. Der Rath beschwerte sich 1508 bei seinem Weinlieferanten in Passau über die unbefriedigende Beschaffenheit der von ihm gesendeten schweren Weine. Wenn dies nicht gebessert würde, so wäre es ihnen allen unleidlich. Ein Weinhaus zu halten war für die Stadt bis zu einem gewissen Grade nothwendig, weil es zur Sitte der Zeit gehörte, allen fürstlichen, ritterlichen und geistlichen Besuchen, die in die Stadt kamen, mit schwerem Weine Ehrung zu thun. Wenn politische Versammlungen in der Stadt abgehalten wurden, was in früheren Jahrhunderten öfter der Fall war, hätte sich die Stadt schwer an der herrschenden Sitte versündigt, wenn sie nicht alle Theilnehmer mit einem reichlichen Trunke versorgt hätte.

Der Bierschank im Rathhauskeller war ebenfalls und ist noch jetzt eine in vielen Städten übliche Einrichtung. Im 15. Jahrhundert war das Schweidnitzer Bier so beliebt, daß nicht nur hier in Breslau, sondern weithin, z. B. in Thorn und in Krakau, sogenannte Schweidnitzer Keller unter dem Rathhause erwähnt werden, obwohl die Anspruchslosigkeit der älteren Zeiten keineswegs soweit ging, sich im Rathskeller mit einer Biersorte zu begnügen. Es wurden hier z. B. i. J. 1529 Biere verschenkt von Schweidnitz, von Lauban, von Freiburg, von Kamenz, von Löwenberg, von Bunzlau; dagegen waren 1692 im Keller Zerbster, Striegauer, Goldberger, Wurzener Bier, 1693 auch Stettiner und Troppauer. Anfänglich hatte die Stadt den Keller verpachtet; als er aber im 15. Jahrhundert umgebaut und gewölbt worden war, nahm sie ihn 1428 in eigene Verwaltung, „arm und reich zu gute . . . und das nicht zu wandeln zu ewigen Tagen in keiner Weise. Und wenn Jemand wider solche unsere einträchtige Willkür darnach stehen und werben würde, wer der wäre, dem solle es gehen an sein höchstes Recht, ohne Widerrede." Seit diesem feierlichen, in's „Große Stadtbuch" eingetragenen Beschlusse behielt die Stadt den Keller und das Brauhaus bis in die neue Zeit in eigener Verwaltung. Im Jahre 1519 wurde der Keller mit dem im Hinterhause von Ring 22 befindlichen Brauhause durch einen bedeckten Gang verbunden, der so breit war, daß man mit Wagen darin fahren konnte. Es gehörte seitdem zu den Scherzfragen, die man den Fremden hier vorlegte, auch die, wo man in Breslau mit zwei Wagen übereinander fahren könne.

Von Interesse dürfte es sein, daß der Rath 1513 einem um die Stadt verdienten Kaufmann Claus Egerer vergönnte, daß man ihm im Schweidnitzer Keller um sein Geld aus dem Fasse auch geben solle, „daraus unseren Rathsfreunden gegeben wird."

Im Jahr 1835 verkaufte die Stadt das Brauhaus an den Brauer Friebe für 20000 Thlr. und verpachtete ihm zugleich den Schweidnitzer Keller von 1836 ab auf 50 Jahre für 400 Rthlr. jährlich. Dieser Pächter verstand es, den damals heruntergekommenen Keller außerordentlich zu heben und zu einer städtischen Berühmtheit zu machen. Sein Besuch und demgemäß auch der Bierconsum stieg derartig, daß er nach Ablauf der Pachtzeit 1886 auf weitere 18 Jahre für jährlich 43100 Mk. verpachtet wurde. Die im Jahre 1677 einer armen Wittwe und 1711 dem Bäckermittel für 32 Groschen Jahreszins gunstweis überlassene Kräppelstelle an der linken Seite der Eingangstreppe war allmählich in eine Würstelstelle umgewandelt worden, die das Bäckermittel 1879 für 7560 Mk. verpachtet hatte. Nachdem der Magistrat die Stelle im Wege des Prozesses für die Stadt zurückgewonnen hatte, vermiethete er sie für 7150 Mk. bis Ende 1885. Seitdem ist der Preis jedoch zurückgegangen.

An der ursprünglichen Vertheilung der Räume änderte sich noch nichts, als das im 14. Jahrhundert schmucklos errichtete Gebäude, das noch in allen Stockwerken, sogar im Keller, Decken aus Eichenbohlen aufwies, im folgenden 15. Jahrhundert nach und nach langsam umgebaut und zumal in allen Räumen gewölbt wurde. Wahrscheinlich ist die Wölbung der oberen Halle 1481 fertig geworden. Selbst die Kapelle, der jetzige Fürstensaal, hat damals erst die vier Kreuzgewölbe erhalten, die sich auf den einen kurzen Mittelpfeiler stützen; als Altarraum wurde ein kleiner Erker ausgebaut. Ein Rest des alten Baues ist nur noch die dreigiebelige Ostfaçade. Die Bedürfnisse einer mittelalterlichen Stadt blieben Jahrhunderte lang wesentlich dieselben; ummauerte Städte konnten nicht über ein gewisses, im Vergleich zu unsern jetzigen Verhältnissen recht beschränktes Maß hinauswachsen.

Wenn es von der früheren Zeit nicht ausdrücklich überliefert, aber als ganz sicher anzunehmen ist, so erfahren wir jetzt aus amtlichen Verordnungen, daß nicht nur im Schweidnitzer Keller Trunk, Spiel und Tanz gepflegt wurde, sondern auch in der unteren und oberen Halle des Langhauses von der lebensfreudigen Bürgerschaft des 15. und 16. Jahrhunderts festliche Versammlungen abgehalten wurden; der niederen Bürgerschaft der Zünfte diente der untere Saal, der Kaufmannschaft und vornehmen Gästen der obere. Der untere Saal war wohl auch damals schmucklos, im oberen waren alle Schlußsteine des Rautengewölbes mit farbigen Darstellungen verziert, die dem Beschauer noch jetzt einen interessanten Einblick in den Ideenkreis des ausgehenden Mittelalters eröffnen, da sie im Ganzen und Großen bei der letzten Restauration erhalten ge=

blieben sind. Als König Wladislaw 1511 nach Breslau kam, fand auf dem Saale ein Tanzfest statt. „Auf dem Tanzsaal, so mit eingefügten Brettern überleget, stach und rennete Markgraf George ritterlich mit einem Andern in Gegenwart des Königs und aller Ritterschaft." Auch ernste Feierlichkeiten, wie Aufführungen antiker Dramen in den Ursprachen, fanden dort statt, Alles bei Tageslicht, das durch zwei Fensterreihen im Süden und Norden ungehindert in die ganz offenen Hallen einströmte. Diese Zeit konnte wenig abendliche Feste feiern, weil sie die Festräume nicht hinreichend zu beleuchten verstand. Am liebsten feierte man Hochzeiten dort. Ein Musikchor befand sich an der Ostseite nahe der damaligen Treppe[10]).

Auch fanden jetzt im oberen Saale die gesetzlichen Versammlungen der Bürgerschaft, z. B. zur jährlichen Huldigung nach dem Rathswechsel, zur Rechnungsablegung und auf besondere Veranlassung statt, während früher die im Erdgeschoß des Osthauses gelegene Halle dazu gedient hatte. Dieselbe war nicht so unbedeutend, wie sie jetzt aussieht, wo ihre rechte Hälfte durch eine Mauer abgetrennt und zur Dienerstube eingerichtet ist, und lag insofern günstig, als der Rath von seiner etwas höher gelegenen Amtsstube aus unmittelbar mit der Gemeinde verhandeln konnte.

Die Verbindung zwischen dieser untern Halle und dem obern Stock vermittelte eine Treppe, die, nach der Gewölbeanlage der Halle zu schließen, wenn nicht von Anfang an, so doch wenigstens von der Zeit ab, wo die Wölbung erfolgte, in der südwestlichen Ecke da lag, wo sie bis zum Umbau des Jahres 1876 zu sehen war. Die Gestalt freilich, in der diese Treppe den älteren Breslauern noch im Gedächtniß ist, stammte erst aus dem Jahre 1680. Zum Gottesdienst in seiner Kapelle stieg der Rath von der Amtsstube eine enge dunkle Treppe hinauf. Bei dem großen Aufstand von 1418 suchten die Aufrührer von dem oberen Stock und durch die Kapelle diese Treppe hinunter in die Rathsstube zu gelangen; die in dieselbe hineinführende eichene Thür trägt noch heute die Spuren gewaltiger Axthiebe. Daß damals der Thurm auf der Westseite bereits in die Höhe gemauert war, lehrt das traurige Schicksal des Hans Megerlin, der von den Aufrührern verfolgt, sich bis auf den Kranz hinaufflüchtete, aber dort von den Verfolgern erreicht und auf den Fischmarkt hinabgestürzt wurde.

Während, wie schon gelegentlich bemerkt ist, die Façade des Osthauses, des von Anfang an sorgfältiger ausgebauten eigentlichen Amtshauses, noch dem 14. Jahrhundert entstammt, erhielt das Langhaus die wundervoll ausgestattete Südfaçade in reicher Spätgothik erst durch den Umbau des 15. Jahrhunderts und zwar wurde von 1471 ab, wo man den Südostecker in Angriff nahm, nach Westen zuschreitend bis über das Jahrhundert hinaus mit allmählich ermattender künstlerischer Kraft daran gearbeitet; die Westfront wurde erst im Anfang des 16. Jahrhunderts zu einem nothbürftigen Abschluß gebracht. Das Verständniß für die Gothik war allmählich abhanden gekommen. Erst nach der Mitte des 16. Jahrhunderts erfuhr der obere Theil des Thurmes, dessen ältere Erscheinung Hartmann Schedels Weltchronik (Nürnberg 1493)[11]) veranschaulicht, einen Umbau im Stile der herrschend gewordenen Renaissance; 1559 wird dieser Bau vollendet. Die Bedachung des Gebäudes mit „verglasurten grünen und rothen Ziegeln" setzt eine Chronik in das Jahr 1493, „und ging mit ziemlichen Unkosten zu".

Vor der Ostseite des Rathhauses erblickt man noch jetzt die sogenannte Staupsäule oder den Pranger, mit der Figur des Nachrichters auf der Spitze. In ihrer jetzigen Erscheinung stammt sie aus dem Jahre 1492, doch hat sie auf derselben Stelle schon eine Vorgängerin gehabt, vielleicht eine alte Rolands=säule, das Sinnbild des Blutbannes, den Breslau gleich andern Städten bis in die preußische Zeit gehabt hat[12]. Hier erlitten bei dem großen Aufstande von 1418 sechs Rathsmitglieder den Tod — hier ließen 1490 die Rathmannen ihr eigenes Ober=haupt Heinz Dompnig enthaupten. Auch als im 16. Jahr=hundert ein eigenes Hochgericht vor dem Schweidnitzer Thor errichtet worden war und die Verbrecher geringern Standes dort ihren Tod fanden, wurden vornehme Delinquenten noch hier hingerichtet, das letzte Mal am 12. April 1681 ein ge=wesener Capitän der Polnischen Armee, Jacob Grabinsky, der einen Landsmann vor der Judenschule auf der Schmiedebrücke erstochen hatte. Die körperlichen Züchtigungen mit dem Staup=besen oder die Ausstellung am Pranger mit dem Besen in der Hand fanden hier statt, solange diese Strafen dauerten. In den städtischen Malefizbüchern, die im Jahre 1800 aufhören, wird der letzte Staupenschlag zum Jahre 1771 verzeichnet. In den österreichischen Zeiten wurden auch vor dem Pranger anstößige Schriften verbrannt, zuletzt am 28. August 1726 „deß Johann Heinrich Nießmanns wider das Kayserliche Ministerium und verschiedene Königliche und andere Aemter eingereichte und allhier zusammengebundene unwahre calumniose und in vielen Betrügereien bestehende Schriften"[13].

Uebrigens war die ehemals unbeschränkte Gerichtshoheit der Stadt schon von den österreichischen Herrschern eingeengt worden, da sie seit dem 17. Jahrhundert die Bestätigung aller Urtheile in schweren Fällen, namentlich aller Todesurtheile an sich gezogen hatten.

Sowohl diese, mit dem Gebäude allerdings nicht in architektonischem Zusammenhang stehende Säule, wie auch die Reliefsculpturen zu beiden Seiten des Treppenaufstiegs charakterisirten das Rathhaus für den von Morgen her Kommenden als Sitz des städtischen Gerichts. Eine dem damaligen Bürger mehr als heut verständliche Sprache redeten die an der Ostfront prangenden Wappenzeichen des Breslauer Johanniskopfes, des schlesischen Adlers, des böhmischen Löwen. Diese Sprache redeten übrigens auch zahlreiche Steine im Innern des Gebäudes. Die Zeit, in der das Zimmer des Oberbürgermeisters, die ehemalige Rentkammer, gewölbt wurde, läßt sich durch die Deutung der in den Schlußsteinen angebrachten Wappen der damaligen Rathsmitglieder allein sicher bestimmen.

Eine für uns jetzt kaum zu ermessende Bedeutung hatte das Rathhaus, insofern dasselbe im Anfange durch Glockenschläge, seit 1367 ab durch eine Schlaguhr die Zeiteintheilung der Bürgerschaft regelte. Erst mit den rathhäuslichen Thurmuhren kam die Rechnung nach modernen Stunden, zunächst allerdings noch nach 24 von Sonnenuntergang ab gerechneten und erst seit dem 16. Jahrhundert nach 2 mal 12 von Mitternacht ab gezählten Stunden, an Stelle der bis dahin allein maßgebenden kirchlichen Eintheilung des Tages nach gottesdienstlichen Abschnitten (Horen) auf, und noch Jahrhunderte dauerte es, ehe häusliche Wanduhren und Taschenuhren die Bürgerschaft von der Rathhausuhr unabhängig werden ließen. Des Nachts wurden noch im 16. Jahrhundert die Stunden vom Rathsthurm ausgeblasen, desgleichen wurde am Tage zum Mittag= und Abendessen geblasen.

Von der Wohlhabenheit der Stadt und dem stolzen Sinn der Bürgerschaft um die Wende des Mittelalters und im Beginne der neueren Zeit zeugt nicht nur der bereits erwähnte großartige Umbau des Rathhauses, sondern auch die fortgesetzte Sorge für den Schmuck desselben. So wurde die Ostfaçade damals mit den Malereien geziert, die bis zur letzten Restauration sichtbar gewesen sind, so wurden der Hauptthurm und die kleineren Erkerthürme mit zierlichem Schmuck ausgestattet, so erhielten namentlich die Innenräume eine reiche, nur noch theilweise erhaltene oder wiederhergestellte Decoration, wie z. B. das prächtige Renaissanceportal von 1528, das in die Raths= stube führte, und die schönen Boiserien, die in diesem Gemache selbst mehr als mannshoch die Wände verkleiden, der Haupt= sache nach aus dem Jahre 1563. Das neue Stadtwappen, das der Stadt vom Kaiser Karl V. auf dem bekannten Augs= burger Reichstage von 1530 bestätigt worden war, wurde 1535 in Stein gehauen und an der Westseite weithin sichtbar an= gebracht. Die goldenen Eicheln auf dem Erkerthurm über dem Eingang zum Schweidnitzer Keller, die jeder Bürger und jeder Fremde erblickte, der in den Schweidnitzer Keller hinabstieg, und die deshalb zu einem Wahrzeichen der Stadt wurden, stammen von 1570. Das Jahr zuvor hatte der Rathsthurm ein neues Uhrwerk erhalten, das über zwei Jahrhunderte aus= gedauert hat, es zeigte zunächst noch die ganze Uhr von 1—24; an dem mittleren Giebel der Ostfaçade wurde das etwas störende große Zifferblatt der halben Uhr erst 1580 eingesetzt. Es muß also ein schon 1535 an „einem kleinen Thürmlein am Rathhause" angebrachter „halber Seiger" damals noch nicht gefallen haben. Wie lange das im Jahre 1550 in dem Erker über dem Eingang zum Schweidnitzer Keller angebrachte Glockenspiel, „die singende Uhr", die alle halben Stunden das Lied „Verleih uns Frieden gnädiglich" und alle ganzen Stunden das Veni creator spriritus und das Magnificat spielte, gedauert hat, ist aus keiner Chronik zu ersehen. Es mag nicht lange vorgehalten haben.

An der Vertheilung der Räume fand auch diese Zeit noch nichts zu ändern für nöthig, die Verwaltung lief noch in den alten Geleisen fort, höchstens daß man die Kanzleien durch in den Hof hinausgebaute Erker etwas erweiterte und auch eine Zollstube in dem Hofe anlegte. Für die erwachenden postalischen Bedürfnisse, die zunächst noch keine Landesregierung zu befriedigen beflissen war, wurde ein Botenhäuschen eingerichtet zum Aufenthalt für die ankommenden und abgehenden Briefboten; es scheint aber im Freien auf der Ostseite des Rathhauses gestanden zu haben.

III.
Das Leinwandhaus und die ersten Wohnhäuser.

Eine in die Augen fallende, das Ganze hebende Umgestaltung erfuhr im 16. Jahrhundert die Westseite der auf dem Ringe stehenden Baulichkeiten. Neben der schon erwähnten, auf freiem Platze stehenden großen Waage, die 1523 gewölbt und 1571 neu gebaut wurde[14]), in Form einer vierseitigen Halle, die nach allen Himmelsrichtungen breite Zugänge hatte, wurde 1521 die kleine Waage zwischen den westlichen Ausgängen der

Kaufkammern und der Reichkrame für Collis unter 10 Centnern massiv gebaut, vielleicht auch nur erneuert, in deren oberem Stock zuerst eine Trinkstube, bald aber, als es die junge Kaufmannschaft mit Spiel und Trunk zu arg trieb[15]), ein Börsenlocal eingerichtet wurde. Dasselbe hat seinem Zwecke so lange gedient, bis die Kaufmannschaft 1642 das Rehbiger'sche Haus auf dem Blücherplatze für ihre Zwecke erkaufte. Die jetzt dort stehende „alte" Börse ist freilich erst 1824 errichtet worden, nachdem der Raum des alten Grundstückes durch Hinzunahme des Nachbargrundstückes, der ehemaligen Oberamtsregierung, erweitert worden war. Dieses Waagehaus nun wurde 1540 nach Süden und dann um die Ecke herum mit einer zweiten Front in westöstlicher Richtung zu einem stattlichen Gebäude erweitert, das an der Ecke noch eine neue große Waage aufnehmen sollte, wo ganze Frachtwagen mit ihrer Last gewogen werden sollten, was indeß dann nicht zur Ausführung kam. Indem der Rath die oberen Räume, allmählich bis zum höchsten Boden hinauf, zum Leinwand- und Schleierverkauf während der Jahrmarktszeiten einrichtete, während das Erdgeschoß ständige Verkaufsgewölbe und Amtsräume enthielt, erlangte das ganze Haus die Bezeichnung als Leinwandhaus, die es bis zu seinem Abbruch im Winter 1859 zu 1860 behalten hat. Der letzte Leinwandmarkt fand zu Johannis 1859 darin statt. Zwischen den Jahrmarktszeiten dienten die Räume als Magazine, hauptsächlich auch für Leinwand.

Ein interessantes Denkmal schlesischer Frührenaissance, wies das Gebäude eine längere Westfront mit zwei Durchfahrten in's Tuchhaus und eine kürzere Südfront auf. Es war dreigeschossig, und auch das hohe Dach war in drei Etagen getheilt[16]). Die

Fensteranlage sowohl des Hauptbaues wie des Daches verlieh dem Gebäude eine reizvolle Lebendigkeit, die Westfront erhielt durch zwei hohe Giebel einen wirkungsvollen Abschluß. Die bedeutenden Räume, die neben den Leinwandlauben, wo die einheimischen Händler regelmäßig feilhielten und Leinwand nach der Elle schnitten, und neben dem Schmetterhause, dessen eine Hälfte seit 1615 den Leinwebern zum Verkauf ihrer Waare in ganzen Geweben eingeräumt war[17]), in diesem Hause für die Leinwandmärkte von Stadt wegen hergerichtet waren, beweisen am besten die Bedeutung, die dieser Handelsartikel seit dem 16. Jahrhundert für Breslau gewann. Nicht mit Unrecht lehnte der Rath 1747 den Plan, das Haus an einen geldkräftigen Unternehmer zu verpachten, um die Last der eigenen Verwaltung loszuwerden, mit der Begründung ab, daß dieses Leinwand-Negotium als ein Hauptregal zu betrachten sei und billig, um selbiges beizubehalten, alle Connivenz genießen solle. Es gab bis in unser Jahrhundert hinein ein besonderes städtisches Leinwandamt. Der Engroshandel mit Leinwand blieb, von diesen Einrichtungen unberührt, der freien kaufmännischen Speculation überlassen.

Des jenseits des Einganges zu den Reichkramen nordwärts angrenzenden Hopfenhauses ist schon früher gedacht worden. Es war in seiner baulichen Erscheinung älter als das Leinwandhaus, ein Thürstück zeigte bis zu seinem Abbruch im Jahre 1861 die Zahl 1481. Daran lehnte sich bis in unser Jahrhundert ein mit vielen Giebeln geziertes Haus, in welchem sich die westliche Treppe zum Schmetterhause befand.

Dieses Haus, sowie seine Nachbarn und andere auf der Niemerzeile und an der Ostfront des Vierecks, auch unter den Reichkramen, erscheinen nun schon seit der zweiten Hälfte des

15. Jahrhunderts als private Wohnhäuser. Kein Zweifel, daß wir es an allen diesen Stellen mit massiv gewordenen und theilweise in die Höhe gewachsenen Kramen oder Bauden zu thun haben. Das beweist schon der Umstand, daß diese Grundstücke ganz wie die Brot- und Schuhbänke und wie die grundfest gewordenen Bauden, in ältester Zeit namentlich die Leinwandbauden, erb- oder grundzinspflichtig sind, und daß die Urkunden über ihren Besitzwechsel nicht in dieselben Stadtbücher (Signaturbücher) eingetragen wurden, wo die Verreichungen freien Eigenthums stehen, sondern daß dafür besondere Bücher (Ingrossationsbücher) angelegt wurden, auch daß die Urkunden selbst nicht im Gericht vor den Schöffen, sondern vor dem Rath ausgestellt wurden. Wie einmal einem Reichkrämer vergönnt wird, über seinem am Eck nach Osten zu gelegenen Kram in die Höhe zu mauern, der Stadt zur Ehre und ihm zum Frommen, zu einer Wohnung für sich, so sind alle anderen Wohnhäuser in dem Viereck auf Grund besonderer Vergünstigung entstanden. Als das längst vergessen war, erinnerte doch die Verpflichtung zum Erb- oder Grundzins daran, daß sie auf einem Boden stehen, der ehemals gemeiner Stadt gehört hat. Die Entstehung solcher Häuser auf dem Ringe beginnt, wie gesagt, schon im späteren Mittelalter, das erste Ingrossationsbuch wurde 1457 angelegt, und im Anfange des 16. Jahrhunderts erwähnt der Johanniterbruder Bartholomäus Stein in seiner Beschreibung Breslaus bereits die dem Schmetterhaus vorgelagerten, die Nordfront des Vierecks verunzierenden Häuschen; sie waren damals meist noch niedrige Holzbauten, theilweise jedoch schon höhere Steinbauten, auch diese freilich von geringer Frontbreite. Ein Register vom Karrengelbe, einer

Steuer, die nach der Frontbreite der Häuser berechnet wurde, aus dem Jahre 1564, verzeichnet „unter den Riemern und Sattlern" 25 Häuser, von denen einzelne nur 6—8 Ellen Breite haben; auch unter den Reichkramen werden damals schon 9 meist etwas breitere karrengeldpflichtige Häuser aufgeführt. Diese hatten natürlich nur auf der Nordseite entstehen können und auch nur da, wo der Platz nicht bereits durch Leinwandlauben weggenommen war. Die Veränderung hatte sich damals bereits so ziemlich bis zur Grenze des Möglichen vollzogen; sie konnte nur noch geringe Fortschritte machen; ein Häuserverzeichniß von 1765 zählt auf dem Ringe 38 Privathäuser, also nur 4 mehr; und wenn sich diese Zahl im Beginn unseres Jahrhunderts durch den Abbruch des Tuchhauses und Anlage der Elisabetstraße vermehrte, so ist sie jetzt gegen den Schluß desselben theils durch Ankauf einzelner Grundstücke für die Stadt, theils auch durch Zusammenziehung einiger kleineren Häuser zu größeren wieder herabgesunken, sobaß sie nur noch 33 beträgt. Letzteres ist namentlich auf der ehemaligen Riemerzeile geschehen, die jetzt nicht mehr 25 sondern nur noch 17 Häuser zählt[17a].

IV.
Die Umgestaltung des Rathhauses im 17. und 18. Jahrhundert.

Die Veränderungen, die das 17. und 18. Jahrhundert herbeiführte, berührten besonders das Rathhaus, leider nicht zu seinem Vortheil. Da zu den eigenthümlichen Freiheiten, die die Stadt unter der österreichischen Regierung genoß, auch die Berechtigung gehörte, eine eigene städtische Garnison auf städtische

Kosten und unter städtischem Commando zu halten, so kam der Rath im Beginn des 17. Jahrhunderts in die Lage, auch für städtisch-militärische Zwecke im Rathhause einige Räume beschaffen zu müssen. Er wies deshalb die Kürschner 1615 aus der unteren großen Halle, wo sie bis dahin seit Jahrhunderten feil gehalten hatten, in die eine Hälfte des neu umgebauten Schmetterhauses, dessen andere Hälfte nun für die Leinweber bestimmt wurde, und trennte durch eine die Pfeiler der südlichen Reihe verbindende Mauer den lichtesten südlichen Theil der Halle ab, um darin Wachtlocale einzurichten. Die früher erwähnten Freitreppen führten in das eigentliche Wachtlocal; links davon lag das Offizierstübel, rechts die Executionsstube. Die Wache ist von 1616 bis 1746 dort verblieben, jetzt dienen die Räumlichkeiten der Stadthauptkasse.

Dieser Umbau war der erste, der den Grundcharakter des Gebäudes veränderte, die untere Halle des Langhauses der Bestimmung, der sie ihrer ganzen Anlage nach und dem Charakter der mittelalterlichen Rathhäuser entsprechend dienen sollte, entzog und sie durch Abschneidung des Lichtes von der einen, der helleren Südseite, zu einem finsteren Durchgang herabdrückte; sie wurde das um so mehr, als der ursprünglich ziemlich weite Hofraum auch durch Anbauten verdunkelt wurde.

Wiederum wird das Gebäude einem seiner Bestimmung ursprünglich fremden Zwecke dienstbar gemacht, als von 1620 ab die schlesischen Stände ihre bis dahin auf der kaiserlichen Burg jährlich zweimal abgehaltenen Land- oder Fürstentage, weil die Burg in Verfall zu gerathen anfing, in die seit der Reformation ihrem stiftungsmäßigen Zweck entfremdete, leer stehende Kapelle des Rathhauses verlegten. Nachdem der Raum dem neuen Zweck entsprechend umgestaltet worden war, erhielt er die Bezeichnung Fürstensaal, die er auch heute noch bewahrt, obwohl Friedrich der Große alsbald nach der Besitzergreifung des schlesischen Landes verkündigt hatte, er werde ohne die Stände regieren. Ein Hauch historischer Weihe ist dem würdevollen Raum von jener Bestimmung als Landtagssaal mit dem Namen verblieben; hier leisteten dem jungen Eroberer im August 1741 die Breslauer den Eid der Treue und huldigten im darauf folgenden November die Stände der gesammten Provinz.

Da bei den Landtagsverhandlungen die Fürsten ein eigenes Berathungszimmer zu haben wünschten, so wurde ihnen die nördlich an den Fürstensaal anstoßende, etwas höher gelegene alte Schöffenstube eingeräumt, und die Schöffen zogen sich in die mit dem hübschen Erker von 1548 geschmückte, auf den Hof hinausgehende Stube zurück, die ursprünglich nur die Schöffenkanzlei gebildet hatte, bis 1628 eine neue Schöffen= stube oben auf dem Saal eingerichtet wurde. Wahrscheinlich wurden erst jetzt die letzten Gewölbe desselben nach Westen zu vom Thurme her durch eine Mauer abgetrennt.

Auch die Theilung der östlichen unteren Halle und Ab= zweigung der heutigen Dienerstube von derselben trug dazu bei, den Charakter des Gebäudes im Innern zu ändern. Eine genaue Feststellung der Zeit dieser Aenderung ist nicht möglich gewesen; aber vor 1700 ist sie geschehen[16].

Der Eintritt der preußischen Zeit blieb gleichfalls nicht ohne Folgen für das Rathhaus. Die Breslauer Stadtgarnison ward abgeschafft, und königlich preußische Truppen bezogen die Haupt= wache im Rathhause. Das Tagebuch Joh. Georg Steinbergers, eines Breslauer Kaufmanns, der die Zeitereignisse aufmerksam verfolgte und aufzeichnete, berichtet zu 1741: Den 7. October Sonnabends ward durch Ihro Exc. den Herrn Gouverneur von Marwitz nebst denen Bauherrn und Stadtbaumeistern das Rathhaus besichtiget und allerlei abgemessen. Man hatte Willen, alles anderst und bequemer zu bauen, sonderlich die Hauptwacht, welche sich dermalen noch aufm Rathhaus in der Stube befand, wo man beim Schweidnischen Keller die steinerne Treppe hinauf ging; man hätte es gern so eingerichtet, daß künftig die Partkrämer- und alle anderen Bauden vom Ring abgeschafft würden und alles im Rathhaus verkauft werden könnte, es fanden sich aber dabei gar viele Schwierigkeiten, sobaß der Bau unterblieb. Doch ward kurz und gut resolvirt: daß, weil den 31. October die allgemeine Erblandeshuldigung vor sich gehen sollte, wegen Kürze der Zeit das Rathhaus derweilen nur innenwendig recht schön silber- und goldfarben, oder weiß mit gelber Einfassung zu renoviren [sei], nämlich oben den großen Saal wie auch vornehmlich den Fürstensaal, sodann die Rathsstube, Kanzlei, Dienerstube, Vorhaus und Durchgang wie auch die grüne Stube[19]), welche die Preußen zur Hauptwacht brauchten, sobaß sie nicht mehr oberwähnte steinerne Treppe hinaufgingen, sondern vornen die Rathstreppen hinauf."

Da bald darauf das Militär sogar die unmittelbar vor der Rathsstube gelegene Dienerstube zum Wachtlocal requirirte und dadurch dem Rathe sehr unbequem wurde, faßte dieser den Gedanken, auf dem südwestlichen Theile des Ringes, dem alten Fischmarkt, eine besondere Hauptwache zu errichten. Für das Aufziehen der Wache und für das Aufstellen ihrer Gewehrhalter hatte schon vor dem Rathhaus Platz geschafft werden müssen, jetzt mußte auch der größere Theil des Fischmarktes für den

gleichen Zweck geräumt werden, wobei die Fischtröge, Korb=
macher= und Kraftmehler=Bauden andere Plätze erhielten, das
alte Narrengätterle, (Narrenhäuslein) von eisernen Stacketen,
oben mit Kupfer gedeckt, in das man Nachtschwärmer und
Trunkenbolde einzusperren pflegte, ganz verschwand. Doch erst
im Frühjahr 1746 wurde der Neubau fertig und am 13. Juni die
Hauptwache zum ersten Male bezogen. Sie war nicht durchweg
massiv gebaut und schon im Beginn der 70er Jahre baufällig,
aber die Schwierigkeiten der Kostenbeschaffung verzögerten den
Neubau bis zum Jahre 1789; am 1. Juli 1789 bezieht ihn
die Wache zum ersten Male. Er war für einen Offizier und
30 Soldaten berechnet, 96 Fuß lang, 47 breit, 24 hoch. Durch
Errichtung von Pfeilern und Verbindung derselben durch Ketten
ward rings herum eine Barriere gezogen. So stand die Wache
bis zum Herbst 1861[20]).

Seitdem die Wache aus dem Rathhaus entfernt worden
war, wurden die Freitreppen, die zur untern Halle hinauf=
führten, abgebrochen, und die Südfront erhielt somit das Aus=
sehen, das sie bis auf den heutigen Tag bewahrt hat. Die
Zimmer wurden zu Kanzlei= und Registraturräumen benutzt, bis
sie zur Stadthauptkasse eingerichtet wurden.

Der Fürstensaal verlor jetzt zum zweiten Male den Zweck
seiner Einrichtung; der schöne Raum wurde zu sehr profanen Ge=
schäften benutzt. Man veranstaltete Auctionen darin, man brachte
dort Schreiber unter, die sonst keinen Platz finden konnten, und hielt
Termine darin ab. In der ersten Hälfte unseres Jahrhunderts
stand er meist leer, nach der Renovation von 1865 wurde er
zum Sitzungszimmer des Magistrats eingerichtet, wegen mangel=
hafter Akustik aber 1892 als solches wieder aufgegeben.

Die daneben gelegene Fürstenstube nahm die Königliche Oberamtsregierung (damalige Bezeichnung der Gerichtsbehörde) zur Unterbringung von Acten in Beschlag. Erst 1764 wurden dieselben weggeräumt. Der spätere Großkanzler, Graf Carmer, ordnete damals das Justizwesen der schlesischen Hauptstadt neu; nach Vollendung dieser Reorganisation im Jahre 1766 mußten für das Stadtgericht, das zwar eine Abtheilung des Magistrats verblieb, sich aber als eigene Behörde fühlte, Sessions-, Commissions- und Kanzleistuben im Hause beschafft werden.

So wie früher war der Magistrat überhaupt nicht mehr Herr in seinem Hause. Als 1778 das alte Ballhaus in der Neustadt, das schon seit 1752 als Exercierhaus benutzt worden war, zur Kaserne umgebaut wurde, ließ der Gouverneur von Tauentzien während der Wintermonate das erste Bataillon seines Garderegiments auf dem oberen Saale des Rathhauses exercieren. Er ließ das auch auf die Klage des Magistrats, daß die flachgebauten Gewölbe in Folge der Erschütterung Risse bekommen hätten, keineswegs einstellen, sondern befahl nur, daß die Soldaten weder mit dem Gewehr noch mit dem Fuße aufstampfen sollten. Er beantwortete den Hinweis des Magistrats, daß das Refectorium des Kapuzinerklosters oder irgend eines andern Klosters sich doch besser dazu eignen würde, damit, der König habe selber bem Oberst v. Scheele das Rathhaus als Exercierlocal benannt. So blieben denn die Soldaten im Hause, bis die neue Kaserne fertig war.

Kaum waren dieselben heraus, so verlangte die Oberamtsregierung bringlichst die Einrichtung von Büreauräumen für das Stadtgericht auf dem Saale. Der städtische Bauinspector wollte sie erst auf den Hof hinaus legen, doch war dort nicht

Licht genug zu gewinnen, und so wurde nun auch oben der südliche Theil des Saales durch eine die vordere Pfeilerreihe verbindende Mauer abgetrennt und in drei Arbeitsräume umgeschaffen, über denen noch Entresols eingerichtet wurden, die auf leiterartigen Treppen vom Saale aus zu ersteigen waren. Die Fenster nach dem Hofe wurden vergrößert und der davor hinlaufende überkragte Corridor abgebrochen, um dem übrigbleibenden Theile des Saales hinreichende Beleuchtung zukommen zu lassen. Damals erhielten auch die Fenster der Südseite in den neuen Büreauräumen Tafelglas anstatt der blind gewordenen Butzenscheiben. Seit dieser Zeit hören die Umbauten, Anbauten, Einrichtungen neuer Räume — alles mit möglichster Sparsamkeit und praktischer Nüchternheit ausgeführt — nicht mehr auf; lassen sie auch die äußere Erscheinung des Gebäudes glücklicherweise unangetastet, so verändern sie doch das Innere desselben sehr erheblich und durchweg zum Nachtheil derartig, daß der würdig stattliche Charakter desselben ganz verwischt wird. Wenn ein verständiger Mann wie Joh. Jos. Rausch, dem allerdings das Verständniß für die Schönheit des gothischen Baustils gleich den meisten seiner Zeitgenossen abgehen mochte, in seinen „Ausführlichen Nachrichten über Schlesien" 1794 das Rathhaus ein elendes, großes, finsteres, gothisches Machwerk nennt, so kann ihm nur das arg verbaute Innere den Anlaß zu so horrendem Urtheil gegeben haben. Namentlich das Stadtgericht dehnte sich immer mehr aus und klagte fortwährend über ungenügende Räume. Im Jahre 1801 beschwerte es sich, bei 7 Assessoren und 40 Referendarien nur 6 Zimmer zu haben, darunter zwei neue in sehr unangenehmer Nachbarschaft angelegte Stuben waren. Streitigkeiten zwischen Magistrat und Stadtgericht wegen

Benutzung der Locale rissen nicht ab, letzteres sah sich ganz als königliche Behörde an, der der Magistrat zu Willen zu sein habe.

Aushilfe mußte dann ein an den Thurm sich anschließendes Gebäude leisten. In demselben befand sich z. B. das Fischamt sammt der Wohnung des Fischamtsrendanten; 1799 wurden einige Zimmer für das Stadt=Landgüter=Amt darin eingerichtet; auch war im Parterre eine Stube zum Aufenthalt für die Portechaisen= Träger, deren Schuppen davor auf dem Fischmarkt stand. Das Gebäude war mit dem Rathhause selbst durch eine Thür verbunden.

Gefängnißlocale werden im Rathhause schon früh erwähnt, das Stadtgericht brauchte deren selbstverständlich mehrere; ein Protokoll über die Besichtigung derselben im Jahre 1796 durch den Criminalrath Berger, der mit einer Untersuchung aller im Lande befindlichen Gefängnisse beauftragt war, zählt sie mit den ihnen gegebenen komischen oder ironischen Namen auf als Kalte Küche, Leerbeutel, Storchnest und Zeisignest (früher Zeisgen= bauer), Bandfabrik und Grüne Eiche[21]. Sie waren theils feucht, theils sehr klein. Die Grüne Eiche war nicht so übel, sie lag im Thurm und ist jetzt sogar zum Amtszimmer für einen Stadt= rath eingerichtet, nachdem ihr allerdings mehr Licht und Luft verschafft worden ist. Unter ihr befand sich noch ein lichtloses Gewölbe, das mit acht großen Steinen plattirt war, die sich bei einer Besichtigung im Jahre 1799 als alte jüdische Leichen= steine herausstellten. Auch sonst waren in den Kellern und im Hofe des Rathhauses jüdische Leichensteine verbaut worden, nachdem König Johann von Böhmen im Jahre 1346 den dicht vor dem Ohlauer Thore gelegenen jüdischen Kirchhof aufgehoben und die Steine desselben dem Rath zur Verwendung bei städtischen Bauten geschenkt hatte.

Der Thurm erlitt durch den großen Sturm vom 19. Februar 1756 mehrfache Beschädigungen. Damals standen noch auf der oberen Galerie, wo die Kunstpfeifer die Stunden abbliesen, acht Figuren; vier davon waren so wackelig geworden, daß man sie nicht länger stehen zu lassen wagte. Der Symmetrie wegen nahm man alle acht herunter. Ein neuer Sturm im Jahre 1792 brachte die hölzerne Spille des Thurmes, die an der Morgenseite angefault war, sammt Knopf und Windfahne in eine bedenklich schiefe Richtung. Die Spille wurde im nächsten Jahre durch den Schieferdecker Joh. Wenzel Kaulfuß aus Liegnitz am 22. August abgenommen und am 27. wieder aufgesetzt. Man fand damals im Knopfe eingelegt Nachrichten über die Erbauung des Thurmes im Jahre 1559 und Münzen aus dieser Zeit; man legte jetzt gleicherweise Nachrichten und Münzen vom laufenden Jahre ein, die man bei der neuen Renovation im Jahre 1887 wiederfand. Auch in diesem Jahre wurden ähnliche Einlagen in dem Thurmknopf geborgen. Die Wiederaufsetzung der Spille im Jahre 1793 bildete noch ein öffentliches Fest. „Auf dem Knopfe stehend trank er (Kaulfuß) die Gesundheiten Sr. Majestät des Königs, des Hochlöblichen Gouvernements, des Hohen Ministerii, des Magistrats und der Bürgerschaft unter dem Schall der Pauken und Trompeten in Gegenwart einer Menge Zuschauer." Kaulfuß hatte sich durch ähnliche Arbeiten in ganz Niederschlesien einen guten Ruf erworben, sodaß ihm der Rath 1795 auch die Restauration des Umgangs am Rathsthurm übertrug. Ein Einspruch der hiesigen Mauer- und Steinmetzmeister dagegen wurde abgewiesen, weil sie die Arbeit weder zu einem so billigen Preise wie der Fremde, noch überhaupt im Accord zu übernehmen sich erboten.

Die Uhr auf dem Thurme wurde durch einen besonderen Stadtuhrmacher in Ordnung gehalten; sie kostete im vorigen Jahrhundert sehr viel Geld, ohne richtig zu gehen. Aber auch als Joh. Gottlieb Klose im Jahre 1801 eine ganz neue Uhr hergestellt hatte (behandelt mit 1900 Rthlr. und später noch 200 Rthlr. Zulage), hörten die Klagen nicht auf, obwohl auf den Vorschlag des Professors Jungnitz 1809 vereinbart worden war, daß die Uhr alle acht Tage nach der auf der Sternwarte festgestellten Zeit geregelt werde.

V.
Die Aufhebung der Gerechtigkeiten.
Das Stadthaus. Die Denkmäler.

Erfuhren die übrigen Baulichkeiten auf dem Ringe während des 17. und 18. Jahrhunderts weniger Veränderungen als das Rathhaus, so hat um so mehr das 19. Jahrhundert umgestaltend eingegriffen. Der Geist der neuen Zeit, der unser nun bald zu Ende gehendes Jahrhundert von seinen Vorgängern innerlich scheidet, hat hier vornehmlich durch die die Gewerbefreiheit einführenden Gesetze von 1810 und 1811 sich wirksam bewiesen. Nur mit dem Innungszwange, unter dessen Herrschaft jede gewerbliche und kaufmännische Thätigkeit allein auf Grund eines dazu erworbenen Privatrechtes innerhalb der Genossenschaft und nach ihren Observanzen betrieben werden durfte, vertrugen sich Einrichtungen, wie die im Anfang beschriebenen, welche den Verkauf der wichtigsten Bedarfsgegenstände an bestimmte örtliche Stellen bannten, und welche die Tuchkammern, Reichkrame, Leinwandbauden, Brotbänke, Schuhbänke,

Schmetterhäuser, überhaupt jeden ständigen Verkaufsplatz an geschlossene Genossenschaften vergaben. Den mannigfaltigeren Bedürfnissen und Ansprüchen der neuen Zeit genügten diese Stellen schon lange nicht mehr, theils wegen ihrer Kleinheit, theils wegen der mangelhaften Beleuchtung, theils weil sie in ihrer Uniformität dem Drange der Einzelnen nach individueller Gestaltung des Geschäfts die größten Schwierigkeiten bereiteten. Frühzeitig schon war es ja vorgekommen, daß einzelne Personen zwei oder mehrere Kammern, Krame u. dergl., sei es durch Kauf, sei es namentlich durch Erbschaft erworben hatten, aber Jahrhunderte lang war Streit gewesen, ob solche Besitzer nur an einer oder auch an mehreren Stellen verkaufen durften, und nie wurde es gestattet, eine solche Stelle etwa zu einer anderen gewinnbringenden Beschäftigung auszunutzen, als der stiftungsmäßigen[22]. Mit der Zeit wurde indeß bei allen diesen Verkaufsstätten die Zahl der Besitzer immer kleiner, fast jeder Besitzer hatte deren mehrere, und mancher machte sie das ganze Jahr über, etwa mit Ausnahme der Jahrmarktzeiten, nicht mehr auf, sondern verkaufte lieber im eigenen Hause und im eigenen Gewölbe[23]. Seitdem einmal soviel Freiheit gestattet war, war das Aufhören dieser Kaufstätten nur eine Frage der Zeit. Für die Bürgerschaft der Stadt bot ihre Fortexistenz keinen Vortheil mehr, beim beginnenden starken Wachsthum der Stadt höchstens Unbequemlichkeiten; für die Gewerbetreibenden war es eine mit dem Umsichgreifen der neuen Freiheitsideen immer lästiger empfundene Beschränkung, wenn trotz aller Veränderungen der Gewerbebetrieb immer noch von dem Besitze solcher Kaufstätten, bezw. der daran sich knüpfenden Kammer=Kram=Bankgerechtigkeiten, abhängig gemacht blieb. Das Gewerbe=Steuer=

Edict vom 2. November 1810, welches die alten Gewerbe=
gerechtigkeiten aufhob, bereitete dann in der That der ganzen
Einrichtung ein Ende. Es fielen mit einem Schlage nicht nur
die an bestimmte Gruppen von Kaufstätten geknüpften Gerechtig=
keiten, sondern auch diejenigen, die an einzelnen Häusern oder
Personen hingen.

Auf Grund eines vom Syndicus Grunwald aufgestellten
Ablösungsplanes wurden in den Jahren 1814/15 nicht weniger
als 687 Gerechtigkeiten in 13 verschiedenen Kategorien nach
einem für jede Kategorie besonders berechneten Satze aufgehoben.
Die Tabelle in Beilage I giebt darüber nähere Auskunft. Es
war das die großartigste Umwälzung, die das Erwerbsleben
der Stadt in alter und neuer Zeit mit einem Schlage erlitten
hat; auf diesem Gebiet fand das Mittelalter erst jetzt sein
Ende. Aber unter schwerem Druck begann die neue Zeit ihr
Dasein. Das gewaltige Ablösungscapital von 1 165 650 Rthlr.,
das der Staat wenigstens theilweise zu vergüten versprach,
und zu dem auch das Vermögen der einzelnen Genossenschaften
herangezogen wurde, konnte die Kämmerei selbstverständlich nicht
baar aufbringen, es wurden 4½ procentige Obligationen darauf
ausgegeben. Nachdem auf diese Weise einmal die Gerechtig=
keiten der Tuchkammern, der Reichkrame, der Brotbänke und
Schuhbänke neben anderen ähnlichen aufgehört hatten, folgten
ihnen die alten Baulichkeiten bald nach. Den Anfang machten
die Tuchkammern, obwohl der Theil derselben zwischen dem
Eingang vom Fischmarkt her und dem Leinwandhause noch
1779 nach dem Fischmarkt zu eine Erweiterung erfahren hatte.
Da den Besitzern der Tuchkammern das Eigenthumsrecht an
den Grundstücken nicht streitig gemacht wurde, einigten sich die

noch übrig gebliebenen 15 Personen, lösten die kammerrechtliche Verbindung am 6. December 1819 auf und brachen das alte Tuchhaus 1820 ab. Der Werth der einzelnen Kammergrundstücke wurde auf je 400 Rthlr. abgeschätzt. Im Jahre 1821 wurden dafür nach einem Plane von Langhans 14 in der Höhe der Etagen und der Fensteranordnung gleichmäßige Häuser in zwei Reihen aufgeführt. Diese neue Tuchstraße erhielt im Jahre 1824, als der Kronprinz Friedrich Wilhelm mit seiner jungen Gemahlin Elisabet Breslau besuchte, der Prinzessin zu Ehren den Namen Elisabetstraße. Ihre Erbauer thaten sich auf die Regularität des Baues viel zu gute; die Wegschaffung des Streichgadens und einiger Bauden öffnete die Straße nach Osten zu, nach Westen zu hatte sie jedoch nur zwei schmale Durchgänge unter dem alten Leinwandhause und erlangte auch beim Abbruch dieses Gebäudes und Errichtung des Stadthauses nicht den sehnlichst gewünschten freien Ausgang, sondern nur eine für Wagen genügende Durchfahrt nebst zwei Passagen für Fußgänger. Die Hoffnung, daß die Straße den Handel anziehen und heben werde, hat sich in keiner Weise erfüllt. Die Geschäfte haben sich jetzt größtentheils daraus weggezogen.

Die Reichkrame waren schon früher theilweise mit Oberbauten versehen worden, die zu Wohnungen eingerichtet waren, jetzt — nach Auflösung der Societät am 25. Mai 1819 — erweitert sich ihre nördliche Reihe theilweise nach hinten auf die Leinwandlauben hinaus und durch Verdrängung solcher; auf der südlichen Seite werden einige Krame zu den neuen Häusern der Elisabetstraße hinzugekauft; der schmale Gang, jetzt Eisen-Kram genannt, bleibt und wird dadurch, daß sich zu beiden Seiten die Häuser durchgängig sehr hoch erheben, noch dunkler

und häßlicher als je zuvor, einer modernen Großstadt in ihrem Mittelpunkte nicht mehr angemessen. Es bleibt auch der oben erwähnte schmale Raum zwischen den die Nordseite der Elisabet=
straße und die Südseite des Eisenkrames bildenden Häusern bestehen, und daß er durch einige in den Eisenkram hinein=
gebaute Häuser der Elisabetstraße unterbrochen wird, macht ihn nicht schöner und gesünder. Wer in diesen Schlitz hinein=
schaut, muß alle Gedanken an Hygiene zu Hause lassen. Auch die Reichkrame wurden als freies Eigenthum ihrer Inhaber behandelt, und es stand somit der baulichen Ausnutzung der Grundstücke kein besonderes Hinderniß im Wege.

Anders stand es mit den Brot= und Schuhbänken, die schon längst von ihren Besitzern nur als Remisen benutzt, bezw. vermiethet wurden, und dem oberen Stockwerk derselben, dem sogenannten Schmetterhause. Der obere Theil war unzweifel=
haft städtisches Eigenthum, und die dort feilhabenden Gewerbe=
treibenden konnten vom Magistrat ohne Berechtigung zum Ein=
spruch weg= und an andere Stellen verwiesen werden, obwohl namentlich die Züchner ein Eigenthumsrecht daran beanspruchten; die unteren Stellen der Bänke wurden allerdings von den In=
habern titulo oneroso erworben und waren der Stadt erb=
zinspflichtig; der Besitz war aber nach der Aufhebung der Ge=
rechtigkeiten fast werthlos, und so konnte der Magistrat die ge=
sammten Schuhbänke für 1200 Rthlr. im Jahre 1823 ankaufen[24]. Er hatte seitdem freies Verfügungsrecht über das ganze, wenn auch schmale, doch sehr lange Gebäude.

Dasselbe war seit einem halben Jahrhundert, seitdem es baufällig geworden war, ein Gegenstand vielfacher Berathung und Sorge der Stadtbehörde. Schon 1777 wünschten die

Hausbesitzer der Riemerzeile ihr die Sorge der Unterhaltung
abzunehmen und es anzukaufen, um ihre Häuser von sehr ge=
ringer Tiefe nach hinten erweitern und ihnen Luft und Licht
zuführen zu können. Andererseits drängten die königlichen Be=
hörden den Magistrat dazu, das geräumige Gebäude in ein
modernes Kaufhaus umzugestalten. Unter der Regierung
Friedrichs des Großen waren sie mit dem Magistrat einig ge=
wesen, immer neue Bauden zu privilegiren, weil die Ver=
mehrung der städtischen Einkünfte der einzig leitende Gesichts=
punkt war. Seit Friedrichs Tode wehte auch in diesen Dingen
ein anderer Wind, wurde die Gesundheit, die Reinlichkeit, die
Ordnung, die äußere Schönheit der Stadt und namentlich ihres
Mittelpunktes in den Vordergrund geschoben. Als daher im
Jahre 1798 der städtische Bauinspector Brunnert ein Project
vorlegte, das einer gründlichen Reparatur bedürftige Schmetter=
haus abzureißen und unter Vorschiebung nach Süden in die
Linie des Leinwandreißerganges oder jetzigen Topframs einen
großen Neubau aufzuführen, begünstigte die Kriegs= und
Domänenkammer diesen Plan sehr lebhaft und suchte den
Magistrat zu bewegen, in einem großartigen Entschluß sämmt=
liche Bauden vom Ring und den Straßen wegzuschaffen und
in das neue Kaufhaus zu vereinigen. Breslau würde damit
dem Beispiel von Berlin nachfolgen, wo man auch zur allge=
meinen Zufriedenheit die Bauden von den öffentlichen Straßen
und Plätzen weg und unter die Arkaden verlegt habe. Die
Sache scheiterte sowohl an den rechtlichen wie an den finan=
ziellen Schwierigkeiten. Von den Bauden galt doch nur die
Minderzahl als Gunstbauden, über die der Magistrat kurzer
Hand verfügen konnte; die meisten waren grundfeste Bauden

geworden und konnten also nur auf Grund besonderer Vereinbarung oder Ablösung beseitigt werden, und es gab dieser letzteren Art zur Zeit außer den oft genannten 38 Leinwandbauden noch 344, allerdings nicht alle auf dem Ringe, sondern in der ganzen Stadt verstreut. Auch für den Fall, daß deren Besitzer sämmtlich in die Verlegung willigten, schien es der Stadtbehörde nicht räthlich, der Kämmerei die mit keiner Last verbundene Einnahme der Baudengrundzinse zu entziehen und sie dafür auf's Ungewisse mit der Errichtung und baulichen Instandhaltung eines großen Kaufhauses zu belasten. Und wenn wir bedenken, daß die Häuser auf der Riemerzeile stehen bleiben und nur durch einen 7 Ellen breiten Gang von dem neuen Kaufhause getrennt sein sollten, so werden auch wir Nachkommen das Scheitern des Projectes nicht eben beklagen dürfen. Der Bau würde dem Bedürfniß einer modernen Großstadt — deren nahes Werden freilich 1798 noch nicht vorauszusehen war — kaum längere Zeit entsprochen haben.

So wurde denn das Schmetterhaus noch einige zwanzig Jahre länger immer wieder ausgeflickt, ohne daß die Einnahmen zu den Unterhaltungskosten in ein richtiges Verhältniß gebracht werden konnten, bis es 1824 den 14 Hausbesitzern der Riemerzeile doch glückte, es von der Stadt um den geringen Preis von 21000 Rthlr. zu erwerben. Die Grundfläche betrug 96½ Quadratruthen[25]). In Folge dessen wurden die, wie früher erwähnt, meist niedrigen Häuser der Riemerzeile sämmtlich neu oder umgebaut und nach hinten erweitert; die meisten Besitzer wollten himmelhoch bauen, doch wurden nur vier Etagen einschließlich des Erdgeschosses genehmigt. Die rückwärts anstoßenden Leinwandbauden wurden zur Gewinnung von Hofräumen oder zu Anbauten —

allerdings mit beschränktem Benutzungrecht — theilweise ange=
kauft, theilweise blieben sie als Verkaufsbauden bestehen. Das
Polizeipräsidium drängte den Rath wiederholt dazu, die Lein=
wandbaudenbesitzer nach Möglichkeit anzuhalten, ihre Bauden
entweder ganz zu verkaufen oder wenigstens Theile davon an
die Hausbesitzer der Riemerzeile abzutreten, damit die Häuser
auch nach hinten möglichst eine gerade Flucht gewinnen könnten;
doch erklärte der Magistrat, es ginge nicht wohl an, daß er sich
darein mische; für die Vorderfront wolle er nach Möglichkeit
sorgen. Auf diese Weise gewann der Topfkram sein jetziges
Aussehn, das einem Maleraufe wohl zur Freude, dem Markt=
platz des modernen Breslau aber nicht zur Zierde gereicht.

Eine bedeutende Umgestaltung erlitt die Westseite dadurch,
daß das alte Leinwandhaus, das Hopfenhaus mit dem Wein=
schröterhäuschen und einige nordwärts anstoßende Privatgebäude
dem Neubau des großen Stadthauses Platz machen mußten.
Den Gedanken zur Errichtung des Stadthauses riefen die Be=
dürfnisse der Stadtverordnetenversammlung wach, die beim
Wachsen ihrer Geschäfte und ihrer Bedeutung sich nicht nur
nach größeren, sondern auch nach eigenen Räumlichkeiten sehnte.
Im Rathhause selbst war für die Sitzungen einer so großen
Körperschaft von Anfang an kein Platz gewesen, sie hatte des=
halb zunächst nach ihrer Bildung in Folge der Städteordnung
vom 19. November 1808 den Saal des Magdalenen=Gym=
nasiums benützt, war dann 1817 in das der Commune gehörige
Haus „Stadt Berlin", Schweidnitzer Straße 51, nach dessen
Verkauf im Jahre 1840 aber in das nicht lange zuvor erbaute
Elisabet=Gymnasium gezogen. Hier machten sich indeß dieselben
Uebelstände geltend, die früher bei der Mitbenutzung des Magda=

lenen-Gymnasiums hervorgetreten waren, und veranlaßten die Versammlung 1857, beim Magistrat auf die Beschaffung eines ihren Zwecken ausschließlich gewidmeten Locals zu bringen. Nach längeren Berathungen wurde beschlossen, dieses Local im Leinwandhause zu gewinnen, das einmal ein städtisches Gebäude und dann dem Rathhaus benachbart sei. Der erste Plan des Stadtbauraths v. Roux ging darauf hinaus, einen neuen Stock auf das alte Gebäude zu setzen, doch stellte eine technische Untersuchung fest, daß die Mauern nicht die nöthige Tragkraft hätten, zumal das Parterre durch Feuchtigkeit gelitten hatte; deshalb beschloß die Versammlung in der Sitzung vom 27. März 1858 die Errichtung eines ganz neuen Gebäudes, dessen Südfront durch Ankauf des Hauses Elisabetstraße 9 erweitert werden sollte. Ein Antrag der Hausbesitzer der Elisabetstraße, die Hauptfront überhaupt nach Süden zu legen und durch weitere Ankäufe bis an das Rathhaus auszudehnen, die Westfront aber nur bis zur Elisabetstraße zu führen und dieser einen freien Ausgang nach Westen zu verschaffen, wurde abgelehnt, theils weil der Neubau auf diese Weise keine genügende Tiefe erlangen würde, theils aus Rücksicht auf das 1847 errichtete Denkmal Friedrichs des Großen, das gerade eines monumentalen Baues als Hintergrundes bedürfe.

Bei der Gelegenheit wärmte auch ein Herr H. L. Günther einen schon im Mai 1848 durch ein Flugblatt in's Publicum gebrachten Plan zu einer großartigen Umgestaltung des Ringes wieder auf. Darnach sollte ein stattliches Gebäude in der von den Hausbesitzern der Elisabetstraße gewünschten Frontrichtung nach Süden und ein ebensolches auf der Westseite von der Elisabetstraße bis zur Riemerzeile, womöglich auch ein drittes gleiches auf der Ostseite aufgeführt werden, die im Erdgeschoß theils

Wachträume — an Stelle der wegzuschaffenden Hauptwache — theils Kassen= und Büreauräume, theils Verkaufsgewölbe, im ersten Stock ebenfalls Verkaufs=, Comptoir= und Büreauräume, im zweiten aber große Säle zu Kunstsammlungen und Bibliotheken, Lesehallen, Concert= und Gesellschaftsräume enthalten sollten. Außerdem wollte der Urheber des Planes auch den Eisenkram niederreißen und in dem freien Raume, der dadurch geschaffen würde, einen doppelseitigen niedrigen Bazar errichten, in den alle Inhaber der auf dem Ringe stehenden Bauden verpflanzt werden sollten, um den Ring von den ihn verunzierenden Resten einer überwundenen Vergangenheit zu säubern. Wenn dann auch die Häuser der Riemerzeile und der stehenbleibenden nördlichen Seite der Elisabetstraße nach hinten heraus Läden bekämen, so könnte der Ring ein so großartiges Centrum des Handels und der Geschäftsthätigkeit werden, wie es wenige Städte besäßen. Die Ausführung dieses phantastischen Planes stellte sich sein Urheber eben so leicht vor, wie damals mancher Politiker die Umgestaltung unseres gesammten Staatswesens. Alle patriotischen Mitbürger würden sich mit Freuden an einem Actienunternehmen betheiligen, dessen finanzielle Sicherheit durch die Mitwirkung der städtischen Behörden verbürgt werden würde. Der nahrungslosen Bevölkerung würde durch eine so großartige Arbeitsgelegenheit geholfen; dieser edle Zweck würde den etwa nöthigen Zwang gegen die sich sträubenden Besitzer in Form eines Expropriationsverfahrens vollauf rechtfertigen [26]).

Der Mann hatte 1858 begreiflicherweise noch weniger Glück mit seinem Plane als zehn Jahre früher. Immerhin gewann damals ein Gedanke Leben, der auch in seinem Plane einen Platz gefunden hatte. Bei den Berathungen über die

Einrichtung des neuen Hauses und die Verwendung der nicht für die Stadtverordnetenversammlung nöthigen Räume wurde nämlich im März 1859 der Beschluß gefaßt, über dem zu Geschäftslocalen zu verwerthenden Erdgeschoß zwei Stockwerke zu errichten und das obere den Stadtverordneten zu überlassen, das untere aber zur Aufnahme einer durch Vereinigung mehrerer alter Büchersammlungen zu begründenden allgemeinen Stadtbibliothek zu bestimmen. Um ausreichenden Platz dazu zu gewinnen, wurde das Bauproject noch durch Hinzunahme des alten Hopfenhauses und Ankauf der Häuser 4, 5 und 6 am Ringe nach Norden zu bis fast an die Ecke der Riemerzeile erweitert.

Der Plan für die architektonische Anordnung des neuen Gebäudes stammt vom Oberbaurath Stüler, der im October 1858 das alte Leinwandhaus besichtigt hatte und in seinen für den Neubau entworfenen Skizzen besonderen Werth darauf legte, die Façade desselben im Stil des alten Hauses zu gestalten und die charakteristischen Architekturtheile desselben, wie die Sandsteinfassungen der Fenster mit den ornamentirten Sohlbänken und Verdachungen, wieder aufzunehmen. Die in der Genehmigung des Bauplans ausgesprochene Bedingung angemessener Verwendung alter Theile, welche einen geschichtlichen und architektonischen, das Zeitalter ihrer Entstehung charakterisirenden Werth hätten, ist später fallen gelassen worden; einige alte Decorationsstücke sind an dem der Elisabetstraße zugewandten Theile des Gebäudes wieder angebracht worden. Der vom Stadt-Baurath von Roux ausgearbeitete specielle Plan veranschlagte den Bau auf 124000 Rthlr.; da er indeß während des Baues noch erweitert wurde, steigerten sich die Kosten auf 148316 Rthlr., wozu noch 51377 Rthlr. für Erwerbung des zum alten Leinwandhause hinzugezogenen Grundterrains kamen. Das alte Haus wurde im Winter 1859/60 abgetragen²⁷), das neue im Jahre 1863 vollendet, unter Leitung des Baumeisters Dickhuth, die Bauabnahme fand am 31. Mai 1864 statt. Ueber die Verwendung des ersten Stockwerkes entstanden nachträglich noch Differenzen; es gab auch Fürsprecher für die Errichtung einer Bildergalerie und eines Kunstkabinets, doch wurde im November 1863 endgiltig beschlossen, die Räume in Gemäßheit der früheren Beschlüsse der Stadtbibliothek zu überlassen.

Am 19. November 1863 erfolgte unter dem Vorsitze des damaligen Vorstehers Justizrath Simon die Uebersiedelung der Stadtverordnetenversammlung in die ihr bestimmten neuen Räume, die gerade ein Jahr später durch die Aufstellung der vom Commercienrath Theodor Jakob Flatau in Berlin geschenkten Marmorstatuen Friedrichs des Großen und Friedrich Wilhelms III geschmückt wurden. Die beiden Bildsäulen sind Werke des Berliner Bildhauers Louis Sußmann-Hellborn; ihnen gegenüber wurden am 26. Januar 1894 die Bildsäulen Kaiser Wilhelms I und Kaiser Friedrichs III, vom hiesigen Bildhauer Christian Behrens, aufgestellt.

Die äußere Veränderung erleichterte es, mit einer Umbildung der Bureau-Einrichtung und Geschäftsführung der Versammlung vorzugehen, die sowohl für das Verhältniß der beiden städtischen Behörden zu einander wie für den Gang der ganzen Communal-Verwaltung wichtig geworden ist. Es wurde die Drucklegung aller der Versammlung vom Magistrat zugehenden Vorlagen eingeführt, der Magistrat wurde von den Sitzungen der vorberathenden Commission in Kenntniß gesetzt und zur Theilnahme eingeladen, es wurde ein gemeinsames Rechnungs-

Revisionsbureau begründet, und es wurde die Wirksamkeit der gemischten Deputationen dadurch gehoben, daß der Magistrat die Gliederung seines Collegiums in acht Fachabtheilungen fallen ließ und wichtigere Angelegenheiten von vornherein mit den Stadtverordneten gemeinsam berieth, alles Einrichtungen, durch welche das gute Einvernehmen und das Zusammenwirken beider städtischen Körperschaften sehr erfreulich begünstigt wurde. Außerdem wurde für die Versammlung eine neue Geschäftsordnung entworfen, die unter dem 20. December 1864 die Bestätigung des Magistrats erhielt [28]).

Da die Akustik des für die Sitzungen der Stadtverordnetenversammlung bestimmten Saales nicht günstig war, so erfuhr die Einrichtung desselben im Jahre 1890 eine durchgreifende Veränderung.

Durch die Hergabe des ersten Stockwerkes zur Begründung einer städtischen Centralbibliothek erfüllten die städtischen Behörden endlich einen in den literarischen Kreisen der Breslauer Bewohnerschaft lange gehegten und zu wiederholten Malen geltend gemachten Wunsch. Von den in der Stadt existirenden älteren Büchersammlungen hatte die in einem an der Nordseite der Elisabetkirche angebauten Saale untergebrachte, nach dem Stifter ihres ältesten und werthvollsten Bestandtheiles, dem Breslauer Patricier Thomas Rehdiger, benannte, verdientermaßen den größten Ruf; aber auch die beiden öffentlichen Kirchenbibliotheken zu St. Maria Magdalena und zu St. Bernhardin hatten umfangreiche, werthvolle Schätze an Büchern und Handschriften aufzuweisen. Dazu kam noch eine freilich weniger bedeutende ältere Rathsbibliothek. Der gewünschten Vereinigung dieser Sammlungen zu einer Centralbibliothek nach dem Muster der in Folge der Säcularisation der geistlichen Stifter im Anfange des Jahrhunderts auf ähnliche Weise gebildeten und dann mit der Universität verbundenen königlichen Bibliothek hatte bisher hauptsächlich der Mangel an einem zu ihrer Aufnahme geeigneten Gebäude entgegengestanden, obwohl bereits seit 1857 Dr. Friedrich Pfeiffer mit einer neuen Katalogisirung zunächst der Rehdigerana und alsdann der Bernhardina vom Magistrat beauftragt worden war. Jetzt war diesem Mangel abgeholfen, und der genannte Gelehrte wurde bereits zum 1. October 1861 als Stadtbibliothekar angestellt.

In Rücksicht auf die künftige Benutzung wurde nun das ganze erste Stockwerk des Stadthauses als ein zusammenhängender offener, gewölbter und von Säulen getragener Saal eingerichtet, nur die nördliche Abtheilung wurde zu Arbeitszimmern und einem kleinen Lesesaal bestimmt. Von den Repositorien der alten Bibliotheken konnten nur die der Rehdigerana theilweise in das neue Haus hinübergenommen werden, der bei weitem größte Theil der inneren Einrichtung wurde von der Tischlerei Rehorst in solidem Holz und würdigem Stil 1864 und 1865 neu hergestellt. Nachdem die Bibliotheken im Jahre 1865 eingeräumt waren, wurde auch das Stadtarchiv, dessen Bestandtheile überall im Rathhause verstreut untergebracht waren, damit vereinigt, desgleichen die bereits mit den alten Büchersammlungen verbunden gewesenen Kunstschätze, namentlich mehrere reiche Kupferstichsammlungen und eine Anzahl Münzsammlungen. Erstere wurden nach Begründung eines unter provinzialständischer Verwaltung stehenden Schlesischen Museums der bildenden Künste im Jahre 1880 an dieses abgegeben, die letzteren, zu einem einheitlichen Münzkabinet vereinigt, verblieben der Bibliothek. Diese selbst aber mußte bereits im Sommer 1891 ihre schönen Räume wieder verlassen und in das neue Sparkassengebäude auf dem Roßmarkt, wo ihr übrigens ein noch stattlicheres Heim bereitet worden war, übersiedeln, da der Magistrat bei der stetig wachsenden Ausdehnung seiner Verwaltungsaufgaben die von ihr innegehabten Localitäten, als dem Rathhaus so nahe gelegen, für seine nächsten Bedürfnisse zu benutzen wünschte. In Folge dessen erfuhr das ganze Stockwerk, nachdem es von der Bibliothek verlassen worden war, im Herbst und Winter 1891 eine völlige Umwandlung. Nur der große südwestliche Ecksaal, unter dem Saal der Stadtverordnetenversammlung gelegen, blieb bestehen und wurde der Bauverwaltung eingeräumt; der übrige Theil wurde zu Verwaltungsbureaux umgewandelt.

Die ebenfalls wie der erste Stock durchweg gewölbten Räume des Erdgeschosses waren ursprünglich zur Vermiethung als Verkaufsgewölbe eingerichtet, doch wurden sie schon viel früher als die der Stadtbibliothek zu städtischen Verwaltungszwecken herangezogen. Den südwestlichen Ecksaal nahm im Jahre 1867 die städtische Sparkasse ein, die seit ihrer Begründung im Jahre 1821 in Folge der stetig wachsenden Ausdehnung ihrer Wirksamkeit und des dadurch hervorgerufenen Bedürfnisses nach größeren Räumen ihr Heim schon öfter gewechselt hatte und bereits im Jahre 1862, als das Gebäude eben in seinen Mauern errichtet worden war, diesen Ecksaal begehrt hatte, weil ihr die im unteren Rathhausgeschosse seit 1844 eingeräumten Localitäten durchaus nicht mehr genügten. Damals hatten die städtischen Behörden auf die Erzielung erheblicher Miethszinsen aus dem neuen Stadthause zu großes

Gewicht gelegt, um dem Antrage statt zu geben; erst als sich die mit dem Vermiethen verbundenen Schattenseiten fühlbar machten, erreichte die Sparkasse die Erfüllung ihres Wunsches. Da indeß ihre Geschäfte seitdem in demselben Maße wuchsen, wie sich die Bevölkerung der Stadt vermehrte, so genügten ihr die erwähnten Räume auch nicht lange, und sie erbaute sich ein eigenes prachtvolles Haus auf dem Roßmarkt, das sie 1891 bezog. Indem sie, wie bereits erwähnt, auch die Stadtbibliothek in dieses neue Gebäude aufnahm, wurde das Stadthaus auf einmal für die städtische Verwaltung im engeren Sinne frei.

Nur die Kellerräume sind von Anfang an bis auf den heutigen Tag vermiethet geblieben und zwar als ein zusammenhängendes Bierlocal. Indem die ganze Front entlang das Erdreich vor den hoch hinaufgeführten Fenstern ausgehoben ist, gewinnen die Räume des Stadthauskellers bedeutend mehr Licht und Luft als die des Schweidnitzer Kellers unter dem Rathhause. Der breite Eingang von der Westseite, zwischen den Eingängen zum Eisenkram und zur Elisabetstraße ist erst im Jahre 1876 angelegt worden, der ursprüngliche Eingang liegt ziemlich versteckt in der Elisabetstraße.

Die Hauptzierde des großen Platzes vor der Westfront des Stadthauses bildet das Reiterstandbild Friedrichs des Großen, zur Säcularfeier der Besitzergreifung Schlesiens und Vereinigung der Provinz mit dem preußischen Staate errichtet. Die erste Anregung dazu gab ein Aufruf des Geh. Commerzien-Raths Joh. Wilh. Oelsner vom 16. April 1839; ein schnell gebildeter Verein unter Vorsitz des Fürsten Hatzfeld erlangte schon am 11. Mai die Genehmigung des Königs dazu und erließ am 20. Juni und 8. Juli Aufrufe zur Errichtung des

Denkmals als eines Schlesischen Nationalwerkes. Es wurde eine Reiterstatue in Bronce auf einem Postament von schlesischem Granit beschlossen. Der erste Gedanke war, dieselbe auf dem Königsplatz vor dem Nicolaithore zu errichten, weil der König dort am 1. Januar 1741 zum ersten Mal vor der Stadt erschienen war. Andere empfahlen den Paradeplatz, weil hier am 27. Juni 1742 der Friede verkündigt worden war, der die Vereinigung Schlesiens mit Preußen sanctionirte. Namentlich der Wunsch, das Denkmal auf einem Platze aufzustellen, wo das Leben der Stadt am kräftigsten pulsirte, entschied für den Ring. Um den erforderlichen Platz zu gewinnen, wurde die große Waage, die in Folge der neueren Gesetzgebung und seit der Errichtung des Packhofes ihre alte Bedeutung verloren hatte, im Frühjahr 1846 abgetragen. Am 6. April begann man mit der Abnahme des Knopfes, am 10. Juni wurde der Grundstein zum Denkmal gelegt und ein Jahr später, am 27. Juni 1847, fand die Enthüllungsfeier in Gegenwart des Königs statt. Unter den Concurrenz-Entwürfen war der des Bildhauers Prof. Aug. Kiß in Berlin, eines geborenen Schlesiers aus Pleß, der den König in der Tracht seines Zeitalters auf mäßig bewegtem Pferde, die rechte Hand wie zum Schirme des Landes weit ausgestreckt, darstellt, angenommen worden; den Guß hatte Joh. Gottfried Leberecht Klagemann hier auf der Taschenstraße ausgeführt, die Ciselirung Th. Frz. Al. Vollgold. Der Entwurf zum Postament stammte von Prof. Strack in Berlin, die Ausführung vom Steinmetz Joh. Christoph Bungenstab hier in Breslau. Die drei Stufen sind aus Strehlener Granit, der Oberbau aus Kunzendorfer Marmor.

Die Errichtung des Denkmals brachte auch die seit einem

Jahrzehnt schwebende Frage der Wegschaffung des Fischmarktes vom Ringe zum endlichen Austrag. Der Fischmarkt lag, wie oben erwähnt, von den ältesten Zeiten an westlich vom Rathhause; er war 1746 durch die Errichtung der Hauptwache um ein Drittel seines Umfanges vermindert worden. Bis 1820 hatte das Fisch- und Aalhändlermittel den Platz unentgeltlich inne; seit Abschaffung der Thoraccise, die für jede in die Stadt gebrachte Tonne Fische 6 Sgr. betrug, mußte es 180 Rthlr. Miethe zahlen. Bei dieser Aenderung war der Magistrat so vorsichtig gewesen, den Platz nur immer auf drei Jahre zu vermiethen und sich das Kündigungsrecht ausdrücklich vorzubehalten. Als er 1838 davon Gebrauch machen wollte, setzten sich die Fischhändler allerdings zur Wehr und processirten durch alle Instanzen hindurch, bekamen aber Unrecht. Im Jahre 1846 wurde die Verlegung nach der Burgstraße zwischen Oderstraße und Stockgasse, an der sogenannten Wasserkläre, beschlossen und 1847 durchgeführt. Auf dem Ringe waren zuletzt noch 28 Stände mit je einer Bude und einem Troge gewesen; an der Wasserkläre wurden nur 20 Stände eingerichtet.

Bei der Entfernung des Fischmarktes vom Ringe hatte den Magistrat der Wunsch geleitet, auf den frei werdenden Platz die übelständigen Bauden am Rathhaus, am Leinwandhaus und in mehreren Straßen zu verlegen. Aber der Gedanke, dort eine Doppelreihe von Bauden in geschmackvollerer Einrichtung von Holz oder von Eisen aufzustellen, erwies sich schließlich aus Rücksicht auf die Wache unausführbar.

Schon bei der Enthüllung des Denkmals Friedrichs des Großen entstand der Gedanke, auch Friedrich Wilhelm III, der 1813 von Breslau aus den „Aufruf an Mein Volk" erlassen hatte, ein gleiches Denkmal zu errichten. Es bildete sich ein Ausschuß, und der König ertheilte am 11. März 1848 die Genehmigung. Aber die Revolutionsstürme drängten die Sache in den Hintergrund; erst 1852 wurde sie wieder aufgenommen. Vorsitzender des neuen Comitees, das am 28. September 1852 einen Aufruf zu Sammlungen erließ, war Prinz Adolf zu Hohenlohe-Ingelfingen. Unter zwölf Entwürfen entschied Friedrich Wilhelm IV. selbst bei seiner Anwesenheit in Breslau für den von Kiß, der den König in Generalsuniform, mit Mantel und Federhut, den rechten Arm auf den Oberschenkel gestützt, mit der Linken den Zügel führend, darstellt. Den Guß stellte die Gräflich-Einsiedel'sche Eisengießerei Lauchhammer her, das Postament nach Stülers Angaben der Steinmetz Adler in Neisse. Am 12. November 1861 fand die Enthüllung des Denkmals statt. Diesmal konnte die Wahl des Platzes keine schwierigen Berathungen veranlassen, da die südliche Seite des Ringes gleichsam von selbst gegeben war. Um sie frei zu machen, mußte die Stadt freilich erst die alte Hauptwache für 19 000 Rthlr. und 24 Bauden für 22 000 Rthlr. ankaufen. Auch die Enthüllung dieses Denkmals verherrlichte die Gegenwart des Königspaares und des Kronprinzen. Beide Denkmäler stimmen sowohl in der Anlage wie im Größenverhältniß zu einander. Ihre Errichtung im Bunde mit dem Bau des Stadthauses hat das Bild des Ringes auch an dieser Stelle ganz außerordentlich verändert.

VI.
Das Rathhaus im 19. Jahrhundert.
Die Beschaffung neuer Verwaltungsräume.

Für das Rathhaus begann eine neue Bauperiode, als das Stadtgericht zu Ostern 1852 die in demselben bisher innegehabten Räume verließ und in ein eigenes Gebäude übersiedelte. Der städtische Baurath Stapel, ein Mann von Verständniß für die architektonische Schönheit des Gebäudes, plante alsbald die Wiederherstellung des oberen Flures als offene Halle. Zwar reichte, wenn man die Bureaux der Südseite entfernte, auch nach dem Auszuge des Stadtgerichts der Platz zur Befriedigung aller Bedürfnisse des Magistrats nicht hin, aber dem sollte durch Ankauf des hinten an das Rathhaus anstoßenden Klose'schen Grundstückes (Elisabetstraße 13, auf dem Grunde der ehemaligen Tuchkammern 5—9 errichtet), abgeholfen werden. Obwohl der Magistrat in seiner Vorlage für den Gemeinderath — so hieß damals die Stadtverordneten-Versammlung — das Rathhaus als ein so großartiges und ausgezeichnetes Bauwerk der älteren Zeit pries, wie es kaum eine Stadt in Deutschland aufzuweisen habe, und es „für die Erhaltung des Ranges Breslaus als Hauptstadt der bedeutendsten Provinz des Staates für durchaus erforderlich" hielt, bei einem solchen Baue nicht mit engherziger Kostenersparniß zu Werke zu gehen, fand der Plan doch im Gemeinderathe starken Widerspruch, besonders seitens des Maurermeisters Dobe und Zimmermeisters Rogge. Zumal der Erstere zeigte sich als rabiater Nützlichkeitsfanatiker. Er legte in der zu dem Zwecke gebildeten gemischten Commission ein Gegenproject vor, daß die Giebel auf der Ostseite einfach abtragen, ein neues Stockwerk auf das Gebäude aufsetzen, die nördliche Seite noch mehr in den Hof hinausrücken, zur Beschaffung des nöthigen Lichts in den mittleren Theil einschneiden und die Bedachung in ein flaches Zinkdach umwandeln wollte, um die übelständigen Dachrinnen entbehrlich zu machen. Für eine solche Verhunzung des prächtigen Hauses war doch keine Mehrheit zu gewinnen, zumal der städtische Baurath mit Recht darauf hinweisen konnte, daß die Regierung eine derartige Vernichtung des Baustils eines so altehrwürdigen Gebäudes nimmermehr zugeben würde.

Der 1851 eingetretene Oberbürgermeister Elwanger erwarb sich damals das Verdienst, für die Breslauer Magistratsverwaltung die sogenannte Bureaueinrichtung einzuführen, wonach für die gleichartigen Geschäfte besondere Bureaux geschaffen und in jedem Bureau die sämmtlichen vorkommenden Bureau-Arbeiten als Secretariats-, Calculatur-, Registratur- und Kanzleiarbeiten erledigt werden, während bisher die Bureaux nach diesen verschiedenen Bureaugeschäften eingetheilt waren, sodaß eine und dieselbe Sache bis zu ihrer Erledigung jedes Mal durch die verschiedenen Bureaux gehen mußte. Diese Neuerung, welche ein Schreiben des Magistrats vom 2. September 1853 der Stadtverordneten-Versammlung als bevorstehend ankündigte[29], hat dann in der That eine wesentliche Vereinfachung des Geschäftsganges herbeigeführt. Der Oberbürgermeister erklärte aber auch die Centralisation der Geschäftsräumlichkeiten für eine so nothwendige Ergänzung der Reform, daß schließlich doch das Klose'sche Haus angekauft wurde. Die obere Halle in ihrer Ursprünglichkeit wieder herzustellen, konnten sich die Stadtverordneten allerdings nicht entschließen, doch wurden die Bureaux völlig umgebaut, wobei auch ihr Fußboden in der noch jetzt sichtbaren Weise um fast ein Meter erhöht wurde. Erst damals wurde das schöne Zimmer mit dem Mittelerker für den Bürgermeister geschaffen; das westlich daran stoßende Zimmer wurde zuerst Bureau der Armendirection und später, nach Einführung des Civilstandsgesetzes von 1875, das erste Standesamt, während das zweite auf der Westseite errichtet wurde. Das Thurmgemach war schon früher zum Bureau für den Stadtsyndicus eingerichtet worden. Nach dem Hofe zu wurde die Halle von den das Licht wegnehmenden Einbauten befreit. Der Fürstensaal wurde 1865 unter Oberbürgermeister Hobrecht zum Sitzungszimmer für die Plenarversammlungen des Magistrats hergerichtet, nachdem noch 1857 die alte Rathsstube — jetzt Magistratszimmer Nr. 1 — eine Renovation erfahren hatte, als in diesem Jahr der Kronprinz Friedrich Wilhelm, während seiner längeren Anwesenheit in Breslau, am 26. August einer Rathssitzung beigewohnt hatte. Um seiner neuen Bestimmung willen wurde der schöne, aber nicht genügend helle Raum des Fürstensaales mit den Bildnissen der Rathsoberhäupter, deren man noch habhaft werden konnte, von Lucas Eisenreich (1475—86) an, ausgestattet. Die ehemalige Rentkammer wurde zum Amtszimmer des Oberbürgermeisters umgestaltet. Eine Wand wurde mit dem großen alten Gemälde einer Rathssitzung von 1668 geschmückt, welcher der bekannte Dichter Christian Hofman von Hofmanswaldau, das Haupt der zweiten schlesischen Dichterschule, präsidirt. Die Portraits sämmtlicher Rathsmitglieder waren zum Zweck dieses Bildes vorher in Kupfer gestochen worden; ein hübsches Schränkchen mit den dazu gehörigen Kupfertafeln hat sich noch bis heute in der Stadtbibliothek erhalten. Die mit reichem Stab-, Maß- und Blattwerk eingerahmte Thür, die vom Vorzimmer aus in das Gemach des Stadtoberhauptes hineinführt, trägt das Wappen des Ungarnkönigs Matthias Corvinus, der zur Zeit ihrer Herstellung über Schlesien regierte († 1490).

Ueber die künstlerische Ausführung der sich allmählich auf sämmtliche Innenräume erstreckenden Renovation lautet das Urtheil der Sachverständigen nicht durchweg günstig. Doch gewannen die schönen Räume des oberen Geschosses wenigstens wieder ein würdiges Aussehen, sodaß sie nicht allein als die den täglichen Verwaltungs-Geschäften des Magistrats gewidmeten Arbeitsstätten, sondern zugleich auch als die Repräsentations- und Festräume der Stadt erscheinen konnten, deren reiche Vergangenheit der ganze Rathhausbau in seiner Fülle von geschichtlichen Erinnerungen dem Auge, das sehen kann, so lebendig zu vergegenwärtigen vermag. So konnte man es wagen, was in älteren Zeiten, wie oben erwähnt, öfter geschehen war, dann aber seit dem Beginne der preußischen Zeit mehr als ein Jahrhundert lang in dem arg verbauten Hause gar nicht möglich gewesen wäre, auch in der Gegenwart wieder auf dem oberen Saale ein städtisches Fest zu feiern. Am 22. September 1859 gab die Stadt dem Kronprinzenpaare bei seinem ersten Besuche in Schlesien dort eine musikalische Festlichkeit, zu der freilich Einladungen nur in beschränkter Zahl erfolgen konnten. Nachfolge hat das erst in jüngster Zeit gehabt.

Den Zustand des Gebäudes nach Schluß dieser Renovationsepoche beschreibt das 1868 erschienene Werk von Lübecke und Schultz [30]).

Das seit den fünfziger Jahren eintretende schnelle Wachsthum der Stadt und die damit in gleicher Weise steigende Vermehrung der städtischen Verwaltungsgeschäfte führten allmählich zum Ankauf weiterer Häuser in der Elisabetstraße und im Jahre 1872 zu dem Beschluß, die südliche Seite derselben ganz zu erwerben und mit dem Rathhaus zu verbinden. Die früher erwähnte Regularität der Anlage dieser Häuser, zumal die Gleichmäßigkeit der Höhe ihrer Stockwerke, erwies sich jetzt doch als vortheilhaft, sie ermöglichte es, durch Beseitigung der Hinterzimmer einen durch die ganze Front durchlaufenden Corridor zu gewinnen. Gleichzeitig wurde auch die nach dem Fischmarkt gewendete Seite der zunächst an das Stadthaus anstoßenden Häuser ausgebaut und das früher erwähnte ältere, an die westliche Seite des Rathhauses angrenzende Gebäude in diesen Neubau hineingezogen, der nun das Rathhaus und das Stadthaus äußerlich verbindet, indem er sich einigermaßen dem Stile des letztern anschließt. Die Nothwendigkeit, die neu geschaffenen oder zu schaffenden Räume möglichst bequem mit dem Rathhaus zu verbinden, ließ dann die Idee eines neuen, mitten in den Hof des letzteren gesetzten Treppenhauses entstehen, durch dessen Anlage die Grundidee des alten Baues mehr noch als durch die bisherigen Umänderungen verwischt wurde. Denn es mußten dazu zwei Felder der Mittelscheidewand des unteren Flurs und der Umfassungsmauer gegen den Hof zu ausgebrochen und auch zwei von den fünf Hoffenstern des oberen Saales kassirt werden. Dadurch verloren beide Hallen endgiltig ihre Bedeutung als selbstständige Räume. Da fortan die alte, aus der östlichen Halle in den oberen Stock führende, in der südwestlichen Ecke dieser Halle gelegene Treppe entbehrt werden konnte, so wurde dieselbe abgebrochen und im Interesse eines bequemeren Zuganges von Osten her zum neuen Treppenhaus die die Osthalle von der Mittelhalle trennende Wand weggenommen. Da an der Westseite Aehnliches schon früher, zu einer nicht mehr zu bestimmenden Zeit, geschehen war, so wurden jetzt die unteren Hallenräume zu einem zusammenhängenden großen Durchgang herabgedrückt. Leider büßte dieser Durchgang gleich der oberen Halle durch das nordwärts vorgelagerte Treppenhaus, obwohl dasselbe nach einer Seite hin offen blieb, wiederum Licht ein. Die oben aufgestellte lebensgroße Bildsäule des Freiherrn vom Stein schenkte ihr Urheber, Bildhauer Johannes Pfuhl, ein geborener Schlesier, im Jahre 1877. Sie ist das Modell zu der von ihm in Nassau errichteten Kolossalstatue des Schöpfers unserer Städteordnung. Ihre Aufstellung erfolgte am 1. Februar 1878[31]).

Da sich die Benutzung des Fürstensaales, bei dessen ursprünglicher Anlage der Bauherr nun doch einmal ganz andere Zwecke im Auge gehabt hatte, für die Magistratssitzungen wegen ungenügender Beleuchtung und unzulänglicher Akustik übelständig erwies, so wurden 1892 in den bisher von den Standesämtern benützten Räumen des oberen Stockes im westlichen Theil der Südseite ein neuer Sitzungssaal und im südlichen Theil der Westseite Vor- und Sprechzimmer dazu geschaffen. Der Fürstensaal bleibt für besonders feierliche Sitzungen des Magistrats und für andere Versammlungen und Festlichkeiten erhalten. Zugleich wurde das alte Haus elektrisch beleuchtet und mit einer Niederdruckdampfheizung versorgt.

Ueber die im Jahre 1876 beschlossene und in ihrer Ausführung fast ein Jahrzehnt in Anspruch nehmende Restauration

der äußeren Fronten, einschließlich des Thurmes, darf in Rück=
sicht auf ihre hauptsächlich künstlerische Bedeutung auf das von
ihrem Urheber selbst, dem Königlichen Geheimen Baurath Lübecke,
geplante Prachtwerk hingewiesen werden.³²)

Die Bestimmung der Rathhäuser, den im Wechsel der
Zeitperioden ebenfalls wechselnden Bedürfnissen der Stadt=
verwaltung zu dienen, bringt es mit sich, daß sie in höherem
Grade als andere öffentliche Gebäude vielen Veränderungen,
Umbauten und Erweiterungsbauten, ausgesetzt sind. Auch unser
schönes Rathhaus, der Stolz der Stadt, ist, wie die vorauf=
gehenden Blätter gezeigt haben, diesem geschichtlichen Gesetz
unterworfen gewesen. Es hat eine inhaltsreiche Geschichte
hinter sich, die das Interesse an dem prächtigen Bauwerke,
auch abgesehen von dessen künstlerischer Bedeutung, lebendig zu
erhalten wohl geeignet ist. Freilich kann nicht geleugnet
werden, daß es zur Zeit nur noch für die Bestreitung eines
verschwindend geringen Theils der städtischen Verwaltungs=
zwecke Raum gewährt. Die modernen Großstädte verlangen
eben für die Erledigung der ihren Magistraten obliegenden
Verwaltungsaufgaben Geschäftshäuser nicht nur von größeren
Dimensionen sondern auch von anderer Anlage, als sie das
Mittelalter geschaffen hat.

Bei dieser Gelegenheit sei noch einmal der Staupsäule
vor der Ostseite des Hauses gedacht. Nur mit Mühe hat sie
dem Wechsel in der Anschauung der Zeiten getrotzt. Im
Jahre 1817 war es der Polizeipräsident Streit, der ihre Weg=
schaffung anregte, um den Platz vor dem Haupteingange des
Rathhauses „freier und anständiger zu machen". Damals lehnte
der Magistrat ab, weil es einmal ein Denkmal altgothischer

Baukunst sei, und weil die Commune, wenn sie auch in letzter Zeit die meisten ihrer Privilegien verloren habe, doch das Andenken an ein so wichtiges Recht wie das der früher gehandhabten Criminal=Gerichtsbarkeit wahren wolle. Auch das Stadtgericht lehnte ab, weil die Strafe des Staupenschlags noch in einigen Criminalfällen gesetzlich sei. Als indeß 1852 die Säule aus dem Loth gewichen war und auch sonst sich schabhaft zeigte, demgemäß also eine Restauration erforderte, fanden sich schon im Magistrat Mitglieder, die sie „als ein trauriges Denkmal mittelalterlicher Barbarei" beseitigen wollten, während allerdings die Mehrzahl „die Erhaltung eines historischen Denkmals" für wünschenswerth ansah. Der Gemeinderath erst sprach dem Bauwerk „jeden künstlerischen Werth" ab und verlangte am 6. December 1852 seine Abtragung. Diesmal versagte nun die Regierung die Genehmigung und brachte die Sache bis vor den König, der der Stadt seine Erwartung aussprechen ließ, die städtischen Behörden würden „doch wohl nicht um des geringen Erhaltungs=Aufwandes willen die Säule der Zerstörung preisgeben." Nur mit Rücksicht auf den königlichen Wunsch genehmigte dann der Gemeinderath die Restauration der Säule im October des nächsten Jahres. Im Mai 1854 wurde dieselbe vom Bildhauer Daehmel ausgeführt. Die Säule ist über 10 Meter hoch[33]).

VII.

Der Ankauf und Abbruch der Buden.

Als das Gewerbe=Steuer=Edict vom 2. November 1810 zur Abschaffung aller Verkaufsgerechtigkeiten führte, und die alten gemauerten Kaufstätten in Folge dessen vom Ringe verschwanden, wie oben ausführlicher erzählt worden ist, retteten doch die zahlreichen Bauden aus Holz die Fortbauer ihrer Existenz, obwohl ihnen dieselbe von keiner Seite mehr gegönnt wurde, am wenigsten vom Polizeipräsidium. Dasselbe hatte schon 1809 den Antrag gestellt, die Regierung solle für das der Stadt damals gemachte Geschenk des Terrains der ehemaligen Festungswerke den Magistrat verpflichten, wenigstens die fünfundachtzig Gunstbauden, die auf dem Ringe und den angrenzenden Straßen ständen, sofort abzubrechen und die Beseitigung der grundfesten Bauden, deren Zahl, allerdings in der ganzen Stadt, doch zum größten Theile auf dem Ringe oder in dessen nächster Nähe, noch über 250 betrug, für die Zukunft in's Auge zu fassen. Die Sache war aber nicht dazu angethan, einen schnellen Verlauf zu nehmen. Eine der wesentlichen Folgen der neuen Städteordnung war doch die, daß die Regierungsbehörden nicht mehr wie früher seit dem Beginne der preußischen Zeit mit directer Anordnung Maßregeln erzwingen konnten, die die Disposition über Vermögen und Eigenthum der Städte oder nur die Beförderung ihres Wohlstandes und ihres schönen Aussehens betrafen, sondern diese nur mehr oder weniger dringend empfehlen, aber den Beschlüssen der Magistrate und Stadtverordneten überlassen mußten. Breslau ging aber aus der Periode der Napoleonischen Kriege als eine verarmte Stadt hervor, die zu Verschönerungszwecken keine Mittel übrig hatte, und erst allmählich brachte das große Geschenk der Festungswerke finanziell zu berechnende Vortheile. Erst als die Bevölkerung der Stadt erheblich gewachsen war, fing man an, die nicht nur auf dem Ringe, sondern auch in den Straßen den Platz verengenden Bauden als einen Uebelstand zu em=

pfinden, an dessen Beseitigung man denken müsse. Die Einziehung der Gunstbauden ging, wenn der Tod der Inhaber oder anderer Anlaß die Gelegenheit dazu gab, ohne Opfer der Stadtkasse vor sich, die grundfest gewordenen Bauden aber, die vor Gericht als erbliches Eigenthum galten und ihre Hypothekenfolien hatten, mußten ihren Inhabern abgekauft werden. Die Knappheit der der Stadt zur Verfügung stehenden Mittel gestattete nur ein langsames Vorgehen. Als Vater des Gedankens eines planmäßigen Ankaufs der Bauden erscheint nach den Acten der Kämmerer Friebös, der im Jahre 1847 den Vorschlag machte, die auf 544 Rthlr. 20 Sgr. jährlich normirte Realsteuer von den grundfesten Bauden nicht mehr zu den laufenden Ausgaben zu verwenden, sondern zu einem Fonds aufzusammeln, um aus dessen Mitteln die fraglichen Bauden dereinst ankaufen zu können. Am 21. October 1847 trat die Stadtverordnetenversammlung dem diesbezüglichen Antrage des Magistrats bei [34]). Der Anfang war bescheiden, aber die Mittel des Fonds mehrten sich rasch. Seit 1859 kam ein Beitrag, bestehend in der Hälfte der infolge Einführung des neuen Landesgewichtes mehr aufkommenden Mahl- und Schlachtsteuer-Ueberschüsse, dazu, dessen Höhe im ersten Jahre 2380 Rthlr. betrug. An Stelle der 1865 aufgehobenen Bauden-Realsteuer trat von dem zur königlichen Gebäudesteuer erhobenen Communalzuschlag der auf die Bauden fallende Antheil.

Im Jahre 1861, in welchem sich die Bauden bei Aufrichtung des Standbildes für Friedrich Wilhelm III. als ein nur mit großen Mitteln zu beseitigendes Hinderniß geltend machten — es mußten damals 24 Bauden für 22 000 Rthlr. angekauft werden — rückte die Sache einen großen Schritt vorwärts, da die städtischen Behörden beschlossen, fortan dem „Fonds zum Ankauf und Abbruch grundfester Bauden" jährliche Zuschüsse aus der allgemeinen Verwaltung zu bewilligen. Diese Zuschüsse wurden um so nöthiger, als bei dem Wachsen des Grundstückswerthes in der jetzt schnell sich erweiternden Stadt auch die Preise der Bauden in die Höhe gingen. Die Zuschüsse stiegen rasch bis auf durchschnittlich 22 500 Mk. Auch als im Jahre 1877 die ungünstige Lage des städtischen Haushaltes diese Summen nicht weiter zu zahlen gestattete, wurden doch vom selben Jahre ab jährlich 15 000 Mk. aus den Ueberschüssen des Fonds für Zwecke des Marktverkehrs dem Baudenfonds überwiesen; sie wurden 1884 auf 25 000 Mk. und 1893 auf 50 000 Mk. erhöht.

Auf diese Weise ist es möglich geworden, bis heute bereits die größere Hälfte der Bauden zu beseitigen. Wie sich die Ankaufspreise gestellt, und wie sich die Ankäufe zeitlich vertheilt haben, zeigt die im Anhang gegebene Tabelle III. Die von der Stadtgemeinde für diese Ankäufe bereits aufgewendete Summe beträgt 897 410 Mark, und immer noch stehen eine ansehnliche Zahl von Bauden. Der Bestand betrug in diesem Jahre 1894 auf dem Ringe noch 71 Bauden, wovon allerdings schon 2 städtisches Eigenthum sind, dazu im Töpferkram 20 Leinwandbauden nebst 2 zu den ehemaligen Pfefferkuchentischen gehörigen Gelassen, die zur Zeit als Bauden verwendet werden, im Durchgang des Hauses Ring 19 noch 1, auf dem Hintermarkt 9, auf dem Neumarkt 17 und auf der westlichen Seite der Neuen Sandstraße 4, im Ganzen noch 114 Bauden. Ein ansehnlicher Theil derselben wird sicherlich sein Dasein noch bis in das nächste Jahrhundert hinein retten und auch

die Nachkommen noch an die einstige Bedeutung des Ringes
als des großen Kaufhofes der Stadt erinnern, aber dem Untergang
sind sie doch geweiht. Die Zeit desselben wird einzig von der
Höhe der Summen abhängen, die ihre Ablösung erfordert.

Ist der kostspielige Ankauf der Bauden durch die Stadt=
gemeinde von dem Bedürfniß hervorgerufen worden, den Ring
und die anderen Plätze so geräumig und frei zu erhalten, wie
es der von Jahr zu Jahr mehr wachsende Verkehr einer
modernen Großstadt verlangt, so werden wohl auch die eben=
falls unaufhörlich wachsenden Bedürfnisse der Stadtverwaltung,
die eine weitgehende Decentralisation ohne Schaden doch nicht
verträgt, den Gedanken zeitigen, mit noch ungleich größeren
Summen auch die in der Mitte des Ringes stehenden Privat=
gebäude seitens der Stadtgemeinde anzukaufen. Indeß diese
Darstellung will sich mit Zukunftsplänen in keiner Weise be=
fassen, sie hat nur erzählen wollen, wie es früher gewesen ist,
und wie es so geworden ist, als es heute erscheint. Denn der
rasch lebenden Zeit schwindet die Erinnerung an die Vergangen=
heit außerordentlich; schon jetzt lebt ein Geschlecht, das von
Kammern, Kramen und Bänken keine Ahnung mehr hat, das
von der Stadtwaage und Niederlage, vom Leinwandhaus und
Schmetterhaus nichts mehr gehört hat; und wenn erst das nun
heranwachsende sich auch nicht mehr an dem Anblick der Bauden
ergötzt oder ärgert, wie noch ihre Väter gethan, dann hat es auch
keine lebendige Vorstellung mehr von dem, was der Ring und die
auf ihm getroffenen Einrichtungen einst für das alte Breslau
bedeutet haben. Schon hat sich auch gegen die Jahrmärkte,
die wenigstens alle Jahre ein paar Mal das Bild eines ge=
steigerten Marktlebens nach alter Art auf dem Ringe hervor=

rufen, eine Abneigung festgesetzt, die mit der Zeit wächst und berufen sein wird, auch ihnen als unberechtigten Ueberbleibseln aus einer überwundenen Wirthschaftsepoche über lang oder kurz ein Ende zu bereiten. Selbst den täglichen Marktverkehr dem Ringe wegzunehmen, stehen drohend die Markthallen in Sicht.

VIII.
Der Ring als Huldigungsstätte.
Die Ringseiten.

Was die Stadt Breslau in älteren Zeiten an politischen Festlichkeiten erlebte, spielte sich auf dem Ringe ab. Hier empfingen, so lange Breslau zur böhmischen Krone gehörte, die böhmischen Könige die Huldigung des Raths und der Bürgerschaft unter freiem Himmel, im südwestlichen Theile, an der Ecke des Salzringes, heutigen Blücherplatzes. Dort wurde in der Regel eine Tribüne für den Herrscher errichtet, vor der sich Rath und Gemeinde aufstellten. So wird es 1455 bei der Huldigung des jungen Königs Ladislaw zuerst genauer beschrieben. Breslau war „der andere Stuhl des Königreichs zu Böhmen"; auch die Huldigung der schlesischen Fürsten, einschließlich des Bischofs, empfing der Herrscher in Breslau, und zwar bei sich auf der Burg, oder wo er sonst wohnte. Auch die österreichischen Herrscher, die 1527 Böhmen und damit zugleich Schlesien gewannen, hielten das fest, so lange sie überhaupt persönlich zum Empfang der Huldigung in's Land kamen, was zuletzt von Ferdinand II. im Jahre 1617 geschah; doch trat die Aenderung ein, daß von Rudolf II. 1577 ab der Rath, als Inhaber der Landeshauptmannschaft über das Fürstenthum Breslau, mit den übrigen schlesischen Ständen zusammen in des Kaisers Losament, auf freiem Ringe nur noch die Bürgerschaft für sich huldigte. Von 1617—1740 sah Breslau mit Ausnahme des unglücklichen Winterkönigs, Friedrich von der Pfalz, der 1620 erst zur Huldigung und dann auf der Flucht hier war, keinen seiner Herrscher in seinen Mauern. Sie blieben in der fernen Hofburg hinter den Bergen dem schlesischen Volke unsichtbar.

In der preußischen Zeit fanden keine besonderen Huldigungen der Breslauer Bürgerschaft mehr statt, sondern nur allgemeine Huldigungen der Provinz. Friedrich II. empfing dieselbe, nachdem ihm bereits der Magistrat am 10. August für die Stadt den Treueid geleistet hatte, am 7. November 1741 im Fürstensaale, eine Feierlichkeit die mehrfach bildlich verherrlicht worden ist. Friedrich Wilhelm II. nahm 1786 die Huldigung wieder unter freiem Himmel ab; doch stand diesmal die königliche Tribüne auf dem Salzring vor dem Oberamtshause, an dessen Stelle 1824 die Börse errichtet worden ist. Von da ab hat Breslau keine besondere Huldigungsfeier mehr erlebt.

Wer an die geschichtliche Vergangenheit zurückzudenken liebt, wird auch mit besonderem Interesse seine Blicke auf die hohen Giebelhäuser mit den geräumigen Gewölben im Erdgeschoß richten, die den Ring auf allen vier Seiten in stattlichen Reihen abschließen. So wie sie jetzt stehen, reichen die Häuser der Ringseiten meistens bis in das 16., theilweise nur in das 17. Jahrhundert zurück; einige haben in den letzten Jahrzehnten Umbauten oder Neubauten erfahren, die den einheitlichen Charakter des Ganzen zu stören beginnen. Kein gothischer

Bau aus der mittelalterlichen Periode hat sich erhalten, alle Häuser sind unter dem Einfluß der Renaissance und ihrer Weiterentwickelung umgebaut worden. Damals sind durchweg, wie noch sichtbar, stattliche Bauten entstanden, von denen die meisten durch die öfter die ganze Breite einnehmende Wölbung des Erdgeschosses sich als Kaufmannshäuser verrathen; ob die älteren Häuser, die vordem dagestanden hatten, sich ebenso stattlich präsentirt hatten, ist sehr zweifelhaft; sie wären sonst schwerlich allesammt Neubauten gewichen. Doch liegen Untersuchungen darüber an dieser Stelle fern; es bleibe auch die Frage hier außer Betrachtung, ob die Größe der Grundstücke von Anfang an dieselbe, über das gewöhnliche Maß der übrigen alten Häuser in der Stadt etwas hinausgehende, wie wir sie heut sehen, gewesen ist. Natürlich erscheint es ja, daß die Ringhäuser von Anfang an größer waren, als die der andern Straßen, waren sie doch die Behausungen der wohlhabendsten Bürger der Stadt. Und soviel steht fest, daß sich seit dem Jahre 1564, aus dem wir das erste Verzeichniß sämmtlicher Grundstücke Breslaus, und zwar mit Angabe der Frontbreite in Ellen, besitzen, nur sehr wenig geändert hat. Nur auf der Ost- und Nordseite sind je zwei schmale Grundstücke zusammengezogen worden, sonst ist Alles gleich geblieben.

Die im Verkehr gebräuchlichen Namen der Ringseiten sind keineswegs alt. Die südliche und westliche sind nach den beiden Häusern „Goldner Becher" und „Sieben Kurfürsten" genannt, den Namen Naschmarktseite führt die nördliche von dem früher dort abgehaltenen Markte mit Obst und mit „essender Waare" überhaupt. Die Bezeichnung der Ostseite als Grüne Röhrseite stammt von dem Röhrbrunnen, der in der Mitte zwischen Hintermarkt und

Albrechtsstraße, vor dem Hause Ring 35 auf freiem Platze stand, und der im vorigen Jahrhundert mit einem grünangestrichenen Holzhäuschen umkleidet war. So läßt es der Werner'sche Prospect der Ostseite des Ringes erkennen [35]). Die Anlage der Canalisation gab Veranlassung, die zu dem Brunnen gehörige Pumpe, heute nur noch eine einfache niedrige Röhre, zu verrücken und vor das Haus Ring 38 zu setzen. Unrichtig wird die Ostseite auch zuweilen Kränzelmarkt genannt; diese Bezeichnung kommt nur dem von ihr ausgehenden Hintermarkt zu, auf dem seit Jahrhunderten und noch jetzt in Läden wie im Freien mit Blumen gehandelt wird. Erst aus der preußischen Zeit stammt die an sich leicht verständliche Bezeichnung des westlichen Theiles des Ringes vor dem alten Leinwandhause und jetzigen Stadthause als Paradeplatz. Dieses Platzes bemächtigte sich zum großen Verdruß der Kaufleute, die ihre Tonnen und Ballen u. s. w. nicht mehr auf der Niederlage liegen lassen durften, namentlich aber der Fleischer, die ihre Schragen mehr an die Häuserreihe heran und nach der Oberstraße zu zusammendrängen mußten, alsbald nach der Besetzung der Stadt das preußische Gouvernement. „Es ging den Fleischern sehr schwer ein zu weichen, mußten nun aber wohl pariren; vor diesem hätte sie Niemand von ihrer alten Stelle verjagen sollen; der Prozeß würde gewiß nach Wien gegangen sein, und der Advokat hätte dabei viel Jahre lang fette Braten essen können; aber da half jetzt kein Spreußen und kein Bitten, der Herr Gouverneur wollt absolut die Schranen (Schragen) weg haben [36]." Vom 21. August 1741 ab wurde der Platz zum Exerciren und zur täglichen Parade der Soldaten gebraucht. Seitdem weicht die alte Bezeichnung „an der Waage" oder

„an der Koie"*) dem Namen Paradeplatz. Wie der Name Hintermarkt im ersten Kapitel als eine Verderbung aus Hühnermarkt bezeichnet worden ist, so gilt Ähnliches auch von dem Platze auf der Naschmarktseite vor dem Eingang in die Stockgasse, der bis in unser Jahrhundert hinein der Kleine Markt, ursprünglich aber (1505, 1510 u. s. w.) der Kleienmarkt hieß.

Blicke auf die alten Geschlechter der Stadt, die in den Ringhäusern während jener Jahrhunderte wohnten, wo sich der Rath ausschließlich aus eingeborenen Bürgern der Stadtgemeinde, zumal aus den Kaufmannsfamilien zusammensetzte, müssen wir uns versagen; wir würden sobald nicht fertig werden, wenn wir noch einmal in die Vergangenheit zurücksteigen wollten, und es ist doch Zeit, daß wir zum Schlusse kommen. Manches Haus hätte gar viel von seinen ehemaligen Insassen, andere von hohen und höchsten Besuchen zu erzählen.

So viel sich auch im Laufe der Jahrhunderte geändert hat, und obwohl Breslau aus einer enggebauten, mit doppelten Gräben umzogenen und mit zwiefachen Mauern befestigten Stadt in unserm jetzt zur Neige gehenden Jahrhundert eine moderne Großstadt geworden ist, um die herum sich nach allen Seiten hin gewaltige Vorstädte lagern, deren Bevölkerung weit zahlreicher ist, als die der inneren Stadt, so ist doch nach wie vor der Ring der Mittelpunkt und das Herz auch des modernen Breslau geblieben. Wenn das hier in höherem Maße der Fall ist, als in anderen Großstädten, so hat das Breslau neben der im Anfang ausführlich erörterten Bedeutung des Ringes

---

*) Nebenbezeichnung der Waage aus dem 16. bis 18. Jahrh. Ob auf Kaue oder Koje zurückgehend?

dem Umstande zu verdanken, daß es als Colonialstadt der Deutschen im ehemals polnischen Lande nicht allmählich planlos zur Stadt erwachsen, sondern nach dem großen Brande, der alle früheren Niederlassungen diesseits der Oder vernichtet hatte, auf Grund eines festen Planes im großen Stile gegründet und mit einer für mittelalterliche Verhältnisse staunenswerthen Regelmäßigkeit um den großen Ring herum angelegt worden ist.

Die damaligen Gründer der Stadt, die den Ring in seinem gewaltigen Umfang (3,4 Hektar) abgemessen haben, haben ein kühnes Zutrauen zu der Lebenskraft ihrer Schöpfung bewiesen, und die Geschichte zeigt, daß sie volle Berechtigung dazu gehabt haben. Breslau ist nicht nur in diesem Jahrhundert neben andern deutschen Städten eine Großstadt geworden; es ist auch in den Zeiten, wovon diese Blätter doch hauptsächlich geredet haben, in den Zeiten, wo sich Handel und Wandel noch hauptsächlich auf den Ring concentrirte, in den Zeiten von seiner Gründung bis in's vorige Jahrhundert hinein, eine der größten deutschen Städte gewesen, obwohl es außerhalb des alten Deutschen Reiches stand und nur am Ostrande des neuen Deutschen Reiches gelegen ist.

Anmerkungen.

¹) Im Schöffenbuch von 1393 (dinstag nach Invocavit) wird erwähnt eine schubang czwischen den czweyen toeren, als man von dem alden hause under die benke get. Da das jetzige Rathhaus im 14. Jahrhundert häufig als das neue Haus bezeichnet wird, z. B. im Henricus pauper, so kann unter dem alten Hause ohne Zwang das alte Rathhaus verstanden werden. Ring 30 liegt dem Eingang zu den Schuhbänken (jetzt etwa Topfkram) freilich nicht gerade, sondern ziemlich schräg gegenüber. Doch verträgt sich das immerhin mit der citirten Ausdrucksweise. Ring 30 wird vom Syndicus Assig, einem sehr genauen Kenner Breslauischer Alterthümer in der zweiten Hälfte des 17. Jahrhunderts, nach der Tradition als das alte Rathhaus bezeichnet, s. Privilegia civitatis (Stadtarchiv) f. 135.

²) Vgl. darüber und auch zum Folgenden meinen Aufsatz in der Zeitschrift für Gesch. u. Alt. Schlesiens Bd. 18 über „Die öffentlichen Verkaufsstätten Breslaus". Dort finden sich die Beläge, auf deren Beibringung ich hier verzichte.

³) Diese Namen sind bei Zimmermann Beyträge zur Geschichte Schlesiens XI, 347 aufgeführt. Dort auch Angaben über die im Laufe des Jahres wechselnden Zeiten der Oeffnung und Schließung des Kauf oder Tuchhauses. Vgl. auch Fr. H. v. d. Hagen Geschichte und Beschreibung des Breslauer Tuchhauses, Br. 1822, und des Verfassers Aufsatz: Zur Geschichte des Breslauer Kaufhauses, in Zeitschrift f. Gesch. u. Alt. Schlesiens Bd. 22.

⁴) 1405 erlaubt König Wenzel dem Rathe, seinen Kammerzins, den er für 600 Schock Prager Groschen verpfändet hatte, von dem Pfandherrn abzulösen und zu behalten. Or. Stadtarchiv G 28.

⁵) Ein Schmetterhaus läßt sich in den meisten schlesischen Städten nachweisen, ebenso in Krakau. Im Codex diplomaticus civitatis Cracoviensis (Monumenta medii aevi historiam Poloniae illustrantia VII) p. 677 ist zum 20. Mai 1445 die Rede vom edificio domus garulatorii alias wlgariter dicti smotirhaus, und in den Regesten zur Geschichte der Stadt Brieg (Cod. dipl. Silesiae IX) zum 25. August 1380 wird gedacht des neuen hauses quod dicitur locuutorium, wlgariter ein smetirhus. Im Jahre 1816 behauptete das Züchnermittel, die Bezeichnung stamme von dem alten Namen Schmetterleinwand her. Dieser Name dürfte aber vielmehr vom Schmetterhause hergenommen sein und

eine geringe Sorte Leinwand bezeichnen, die dort vorzugsweise als Fabrikat der hiesigen Züchner (Parchner, Leinweber) verkauft wurde.

⁶) Allerdings besitzen wir keinen Plan von Breslau aus dem 13. oder 14. Jahrhundert, der uns vergewisserte, daß diese beschriebenen Lokalitäten von Anfang an derselben Stelle gestanden haben; auch geben die Urkunden, in denen von Kammern und Kramen die Rede ist, über die Lage derselben keine Auskunft; aber wenn der Herzog Heinrich den beiden Bürgern, denen er 1266 die Krame verkaufte, die Zusicherung ertheilte, daß dieselben nie von ihrer Stelle verrückt werden sollten, so ist wenigstens deren Lage an derselben Stelle von Anfang an sicher, und was von den Kramen gilt, ist mit Sicherheit auch von den Kammern und den Bänken anzunehmen, zumal es aus allgemeinen Gründen das Wahrscheinliche ist.

⁷) Auf dem Plane von 1562 sind sie noch zu sehen, hinter ihnen die Fischtröge.

⁸) Interessantes Statut darüber von 1462 bei Klose in Scriptores rer. Siles. III, 114.

⁸ᵃ) Vgl. die Bestätigung der Stadtprivilegien vom 11. Februar 1352 bei Korn Bresl. Urkundenbuch No. 206. Näheres über die Stadtwaage bringt Jul. Neugebauer in den Schles. Prov.-Blättern 1865.

⁹) S. Zeitschrift für Geschichte u. Alt. Schlesiens 22, 254.

¹⁰) Die jetzige Lage und Form des Musikchors, die wegen des fehlenden Aufgangs einen wunderlichen Eindruck macht, stammt aus dem Jahre 1858. „An der Renovation des Flures ist auch von Mehrbedürfnissen ꝛc. dadurch nothwendig geworden, daß der alte Balkon oder das Musikchor nicht beibehalten werden konnte und der historischen Bedeutung wegen auch nicht kassirt werden konnte, daher durch ein neues, dem Baustyle entsprechendes Chor ersetzt werden mußte. Die Fortnahme und Veränderung des alten Chores machte sich auch nothwendig, um der dunkeln, darunter liegenden viel gebrauchten Treppe mehr Licht zu geben." Akten der Stadtverordnetenversammlung IIIB IVa No. 52 vol. I, fol. 74.

¹¹) Lat. Text fol. 233v. Schedels Holzschnitt von Breslau gehört zu denjenigen, welche eine Abbildung nach der Natur zu Grunde gelegen haben muß. Möglicherweise geht sie auf den ältern Haus Pleydenwurff zurück, der 1462 in Breslau gemalt hat. Urkk. der Elisabethkirche No. 78—80.

¹²) Es sei indeß darauf hingewiesen, daß die Fassung des Berichts in Pols Jahrbüchern II, 164: Da Herr Hieronymus Meißner Hauptmann war, ward die neue steinerne Prange gesetzt — die Annahme nahe legt, daß die ältere Staupsäule von Holz gewesen sei. Im Mittelalter findet sich nur der Ausdruck Pranger oder Prange, was zunächst nur das einengende Halseisen bezeichnet.

¹³) Ich habe darüber nichts ermitteln können.

¹⁴) Woher Roland Topographie und Geschichte der Stadt Breslau S. 85 und nach ihm Andere die sagenhafte Nachricht von der Erbauung der Waage durch einen Zeugmacher haben, ist mir nicht bekannt. Nic. Pol hat sie noch nicht.

¹⁵) „Wegen des großen Töppelns, Spielens und Saufens, daraus ein unordentliches Wesen folgte." Pols Jahrbücher III, 11. Gespielt wurde sehr hoch. Hans Krapf jun., allerdings der Sohn eines sehr reichen Bürgers, verspielte am 30. Juni 1521 des Abends 1900 (Gold-) Gulden, ohne die Ringe und Kleinodien. Klose in Ss. rer. Siles. III, 162.

¹⁶) Zimmermann Beyträge XI, 343: „In diesem Hause sind fünf Etagen, Boden genannt, worauf die im Lande und dem Gebirge wohnende Leinwand- händler während den Jahrmärkten auf dem Leinwandhause feil haben, und dazu jeder seine eigenthümliche gemiethete Stelle hat, auf welcher er seine Waaren lagert, und von einem zum andern Markt kann liegen lassen. Der Handel daselbst ist beträchtlich, theils von den Landeseinwohnern, theils und besonders von den Polen, und können jeden Markt (deren vier jährlich eintreffen) wohl ein=zweymalhunderttausend Reichsthaler umgesetzt werden."

¹⁷) Die Leinweber machten zum Meisterstück eine Züche von 16 Ellen und ein Stück Pärchen von 25 Ellen. Zimmermann XI, 387. — In einem Schriftstück von 1816, worin sie sich gegen die Entfernung aus dem Schmetterhause wehren, erklären sie: „Bekanntlich ist der Handel, den wir treiben, ein Handel mit dem Auslande, mit Rußland und Polen, und es sind fast einzig und allein polnische Juden, welche uns unsere Waaren abkaufen." Akten des Mag. 19. 2. 2. 11 vol. I, 61.

¹⁷ᵃ) Im Stadtarchiv findet sich eine „Consignation derer meist auf der Riemerzeile am Markt gelegenen 24 unnumerirten Häuser und zwei Krambauden, welche mit Schmeerbaudenzins belegt, aber unter dem Grund- zins eingebracht und berechnet worden" von c. 1760—1770 mit den alten Hypothekennummern 2028—2050 u. 2066. Darin liegt noch die Er- innerung an die einst in der Reihe der Riemerzeile stehenden Schmeer- bauden, von denen im 14. u. 15. Jahrh. öfter die Rede ist.

¹⁸) In den Breslauer Erholungen 1803 S. 527 heißt es, offenbar nach älterer Vorlage: „1700 den 13. September wurde die Kanzlei größer gemacht und ein Stück von dem Zeisigenbauer (Gefängniß) dazu genommen. So wurde auch ein neuer Saal eingerichtet, in welchem die Parteien, so in der Kanzlei zu verrichten hatten, auf einander warten konnten. Von diesem Saale wurde eine Thüre in die Dienerstube gebrochen und ein Thor mit einem Glasfenster zubereitet, damit die Parteien aus= und ein- gehen konnten." Dieser Raum ist noch vorhanden.

[19]) Die alte Vogtei, links von der östlichen Halle.

[20]) Näheres f. bei Grünhagen, Die Schicksale der Breslauer Hauptwache in den Neuen Schlesischen Provinzialblättern II, 523—531.

[21]) Gomolke II. 23. 27. und nach ihm Roland haben noch andere Namen dafür; ich halte mich an die Akten.

[22]) Vgl. Zeitschrift für Gesch. Schlesiens 18, 177.

[23]) Bei der Auflösung des Tuchhauses 1821 gehörten die 40 Kammern 15 Besitzern; die Brot- und Schuhbänke wurden zuletzt gar nicht mehr zu ihrem ursprünglichen Zwecke benützt, sondern nur als Remisen verwendet.

[24]) Wie die Schuhbänke muss der Magistrat auch die Brotbänke erworben haben; es hat sich aber nicht ermitteln lassen, wann und um welchen Preis dies geschehen ist.

[25]) Vgl. Mag.-Akten 19. 2. 2. 11 vol. I. Die Quadratruthe wurde auf 130 Rthlr. geschätzt. Ueber die Erweiterung der Häuser auf der Niemerzeile nach hinten f. Akten 21. 3. 2. 26.

[26]) Vgl. Mag.-Akten 9. 5. 1. 11 am Ende.

[27]) Am 26. November 1859 begann der Abbruch.

[28]) Vgl. hierüber den städtischen Verwaltungsbericht für 1864.

[29]) Akten der Stadtverordnetenversammlung III B IVa No. 52 vol. I, 46. Daselbst auch fol. 58 eine Zusammenstellung aller vom Januar bis September 1854 im Rathhause, im Kloseschen Hause und in dem nordwestlich an das Rathhaus anstossenden Gebäude vorgenommenen baulichen Einrichtungen.

[30]) Das Rathhaus zu Breslau in seinen äussern und innern Ansichten und Details. Aufgenommen und gezeichnet von Carl Lübecke. Mit einer historischen Beschreibung von Dr. Alwin Schultz. Berlin und Breslau, Ernst und Korn, 1868, in gr. Fol.

[31]) Ueber Einzelheiten vgl. den Antrag des Magistrats an die Stadtverordnetenversammlung vom 28. April 1874 in Akten der StVV III B IVa No. 52, vol. I, 110.

[32]) Zu letzter Stunde erfahre ich, dass das Erscheinen des Werks in Rücksicht auf den Kostenpunkt vorläufig vertagt ist. Geh. Baurath Lübecke ist inzwischen durch den Tod jeder weiteren Mitarbeit entrückt worden. Er starb am 21. Januar 1894.

[33]) Mag.-Akten 21. 1. 4. 25. vol. 1.

[34]) Mag.-Akten 28. 3. 1. 49. fol. 15a.

[35]) Accurater Abriss und Vorstellung der merkwürdigsten Prospekte ... der Welt-gepriesenen Stadt Breslau ... von Frid. Berh. Werner. Augsburg, M. Engelbrecht. (c. 1740). Bl. 26.

[36]) Breslauisches Tagebuch von Johann Georg Steinberger. 1740—1742, hrg. von Eugen Träger, S. 240.

Beilage I.

Summarische Uebersicht der infolge des Gewerbe-Steuer-Edicts vom 2. November 1810 zu Breslau im Jahre 1814/15 aufgehobenen Gerechtigkeiten mit Angabe der Ablösungssummen.

1. Pfefferkuchen-Tische	6	zu 950 Rthlr.	5 700 Rthlr.
2. Salzbauden	13	= 2020 =	26 260 =
3. Kaufmännische Einzelungs-Gerechtigkeiten	100	= 1010 =	101 000 =
4. Tuchkammern	40	= 930 =	37 200 =
5. Reichkrame	48	= 930 =	44 640 =
6. Gräupner-Urbare	40	= 860 =	34 400 =
7. Chirurgische Officinen ...	16	= 3790 =	60 640 =
8. Krambäubel-Gerechtigkeiten .	45	= 330 =	14 850 =
9. Geislerfleischer-Schragen ..	50	= 240 =	12 800 =
10. Destillateur-Urbare	88	= 2830 =	249 040 =
11. Fleischbänke	77	= 1560 =	120 120 =
12. Brotbänke	78	= 4320 =	329 940 =
13. Schuhbänke	86	= 1510 =	129 860 =
	687		1 165 650 =
			4 496 950 Mk.

Nach Mag.-Akten 16. 32. Vgl. dazu M.-A. 16, 4, worin ein Verzeichniß aller einzelnen Gerechtigkeiten mit Angabe der Summen, die die letzten Besitzer für die Erwerbung gezahlt hatten und mit Uebersichten über die Amortisation der darüber ausgegebenen Stadtobligationen.

Beilage II.

1) Verzeichniß der Häuser in der Mitte des Ringes, welche die Stadtgemeinde nach und nach zu Bureauzwecken erworben hat:

Elisabethstraße No. 13	—	1853	—	für 18 000 Rthlr.
=	= 12	— 1861	—	= 19 000 =
=	= 8	— 1864	—	= 11 500 =
=	= 11	— 1872	—	= 50 000 =
=	= 10	— 1872	—	= 50 000 =
=	= 14	— 1872	—	= 19 000 =
=	= 15	— 1873	—	= 23 000 =
	8			191 500 Rthlr.

Dazu die für die Errichtung des Stadthauses angekauften Grundstücke Elisabethstraße 9 und am Rathhaus 4. 5. 6 für 51 377 Rthlr.
191 500 =
242 877 = 728 631 Mk.

2) Verzeichniß der in der Mitte des Ringes zur Zeit stehenden Privathäuser.

Lfde. No.	Bezeichnung des Grundstücks.	Nebenbezeichnung desselben.	Alte HypothekenNummern.	FeuerVersicherungssumme in Mark.
1	Eisenkram 7			13 200
2	= 9			5 800
3	= 10			3 100
4	= 11		2063	46 300
5	= 12		2062	18 300
6	= 13		2061	11 400
7	= 14/15		2059 2060	19 800
8	Elisabetstr. 1a			26 100
9	= 1b			3 000
10	= 2	Eisenkram 6		35 900
11	= 3	= 5		38 000
12	= 4			33 900
13	= 5			20 200
14	= 6	= 3		46 300
15	= 7	= 2		31 500
16	Am Rathhaus 7/8		2028 2029	900 / 20 000
17	= 9		2030	16 600
18	= 10		2031 2032 2033	88 200
19	= 11/12		2034 2035	53 200
20	= 13		2036	55 700
21	= 14		2037	42 500
22	= 15		2038 2039	58 000
23	= 16		2040	23 600
24	= 17		2041	18 800
25	= 18		2042	15 000
26	= 19		2043	17 100
27	= 20/21		2044 2045	33 800
28	= 22		2046	26 000
29	= 23		2047	20 100
30	= 24		2048	22 200
31	= 25		2049	13 400
32	= 26		2050	86 100
33	= 27		2051	18 200

Beilage III.

Verzeichniß der von der Stadtgemeinde erworbenen grundfesten Bauden.*)

A. Auf dem Ringe und in deffen unmittelbarer Nähe.

Jahr des Ankaufs.	Anzahl im Jahre.	Hypotheken-Nummern der Bauden.	Preis. Mark.	Summe im Jahre. Mark.	Bemerkungen.
1831	4	190 191 192 197			Gegen Erlaß des jährlichen Grundzinfes aufgegeben. Durch Urtheil des Stadtgerichts der Stadtgemeinde zugeschlagen.
1839	1	135	1500	1500	
1844	1	176	390	390	
1846	1	126	3100	3100	
1847		127 128	3600		
		129	3000		
		326	150		
	5	327	390	7140	
1848	1	252	600	600	
1849	1	84			Als herrenlose Verlaffenschaft der Stadtgemeinde zugefallen.
1851	1	264	1650	1650	
1852	1	265	975	975	
1853		136	2400		
	3	174 175	3000	5400	
1856		109	7200		
		110	7500		wofür Kaufmann Sachs bezahlt 7500 Mk.
	3	179	750	15450	
1859		116a	5400		
		299	3300		
		230 231	6900		

*) Dieses Verzeichniß beruht auf einer Zusammenstellung, die ich dem entgegenkommenden Fleiße des Herrn Rathsfecretär Obermeyer verdanke.

Jahr des Ankaufs.	Anzahl der Jahre.	Hypotheken-Nummern der Bauden.	Preis. Mark.	Summe im Jahre. Mark.	Bemerkungen.
1859		232 233	9600		
		234	6900		
		236 237	9000		
		238	3300		
		328	600		
		329	600		
	13	331	150	45750	
1860		85	3300		
		86	2100		
		116b	7500		
		208	1980		
	5	325	1950	16830	
1861		13	1500		
		95	300		und tauschweise Ueberlassung der Baude No. 143.
		171	1800		
		240/241	6600		
		242/243	7575		
		244/245	5400		
		248	3300		
		249	2700		
		250	2700		
		251			gegen tauschweise Ueberlassung der Baude No. 145.
		253	2700		
		254	2850		
		255	2700		
		256	2400		und Ueberlassung einer 1884 gegen Entschädigung von 10 500 Mk. wieder aufgegebenen Gunstbaude.
			+10500		
		257	150		und Ueberlassung einer Gunstbaude bis 1874
		263	3000		
		268	3000		

Jahr des Ankaufs.	Anzahl der Jahr.	Hypotheken-Nummern der Bauden.	Preis. Mark.	Summe im Jahre. Mark.	Bemerkungen.
1861		269	6000		
		271a	4200		
		271b	6600		
	21	324	2850	78825	
				-10500	
				68325	
1862		58 59	7500		
		62	3585		
		63	3735		
		64	2256		
		72	10500		
	7	293	4500	32076	
1863	1	46	6600	6600	
1864		91	3750		
		143	7950		
	4	172 173/189	9000	20700	
1865		142	10275		
		144	9975		
		274 275 276	11700		
	6	330	900	32850	
1866		151 152	22500		
		153/54 155	19500		gegen Ueberlassung der stehengebliebenen Baude No. 153.
		145			
		158	10800		
	7	159	4500	57300	
1867		47	4800		
		137	13200		
		164	9000		
	6	168 169 170	19500	46500	
1868		163	6000		

Jahr des Ankaufs.	Anzahl der Jahre.	Hypotheken-Nummern der Bauden.	Preis. Mark.	Summe im Jahre. Mark.	Bemerkungen.
1868		165	9048		Zu diesem Kaufpreis hat Brauereibesitzer Friebe beigetragen 4524 Mk.
		166	6000		dito dito 3000 =
		167	6000		dito dito 3000 =
		193	7500		dito dito 3750 =
	6	194	13800		dito dito 6900 =
				48348	wovon Brauereibesitzer Friebe 21 174 Mk.
1870	1	131	15000	15000	An der Kornecke.
1872		34	2700		
	2	139	12000	14700	
1873	1	44	7800	7800	
1874		102	1500		
	2	138	3900	5400	
1875	1	125	22500	22500	Zum Kaufpreis hat Kaufmann J. Thal beigetragen 4500 Mk.
1876	1	146	9000	9000	
1877	1	111	16500	16500	
1878		28 29	9900		Zum Kaufpreis hat Kaufmann R. Fuchs beigetragen 2400 Mk.
	3	31/32/33	27000	36900	
1879		8	11000		
		112	12300		
	3	113	13800	37100	
1881	1	45	17000	17000	
1882		119/20 121	40000		
	4	285 286	700	40700	
1883	1	124a	20000	20000	
1884		42/43	21000		

Jahr des Ankaufs.	Anzahl Jahre.	Hypotheken-Nummern der Bauden.	Preis. Mark.	Summe im Jahre. Mark.	Bemerkungen.
1884		123	24000		
	3	124b	20500	65500	
				+10500	(1861 No. 256.)
				76000	
1887		15	7500		
		114	12000		
	3	115	16200	35700	
1889		48/49	13000		
		56/57	15000		
		60	11700		
		61	18000		
	5	67/68	11000	68700	
1890		36	6000		
	2	204/205	10000	16000	
1893	1	12	14000	14000	

Summa Summ. 132 Bauden 856 984 Mk.
Ab die Beiträge von Privaten 35 574 =
821 410 Mk.

B. Auf dem Neumarkt.

1844	1	314	300	300
1863	1	312	1500	1500
1866	1	309	3000	3000
1884	1	301	3600	
		302	3600	
	5	310/19 317 318	15000	22200
1885	1	311	5000	5000
1891	1	332	20000	20000
1892		320	8000	
	2	323	8000	16000
1893	1	321	8000	8000

Summa Summ. 13 Bauden 76 000 Mk.
+ 132 = 821 410 =
145 Bauden 897 410 Mk.

Der Ring zu Bre[slau]
im Anfange des 19ten Jahrhund[erts]

Erklärung.

▭ Massive Gebäude.

▬ Bauden.

Maassstab 1:1000.

Breslau.
Verlag von E. Morgenstern.

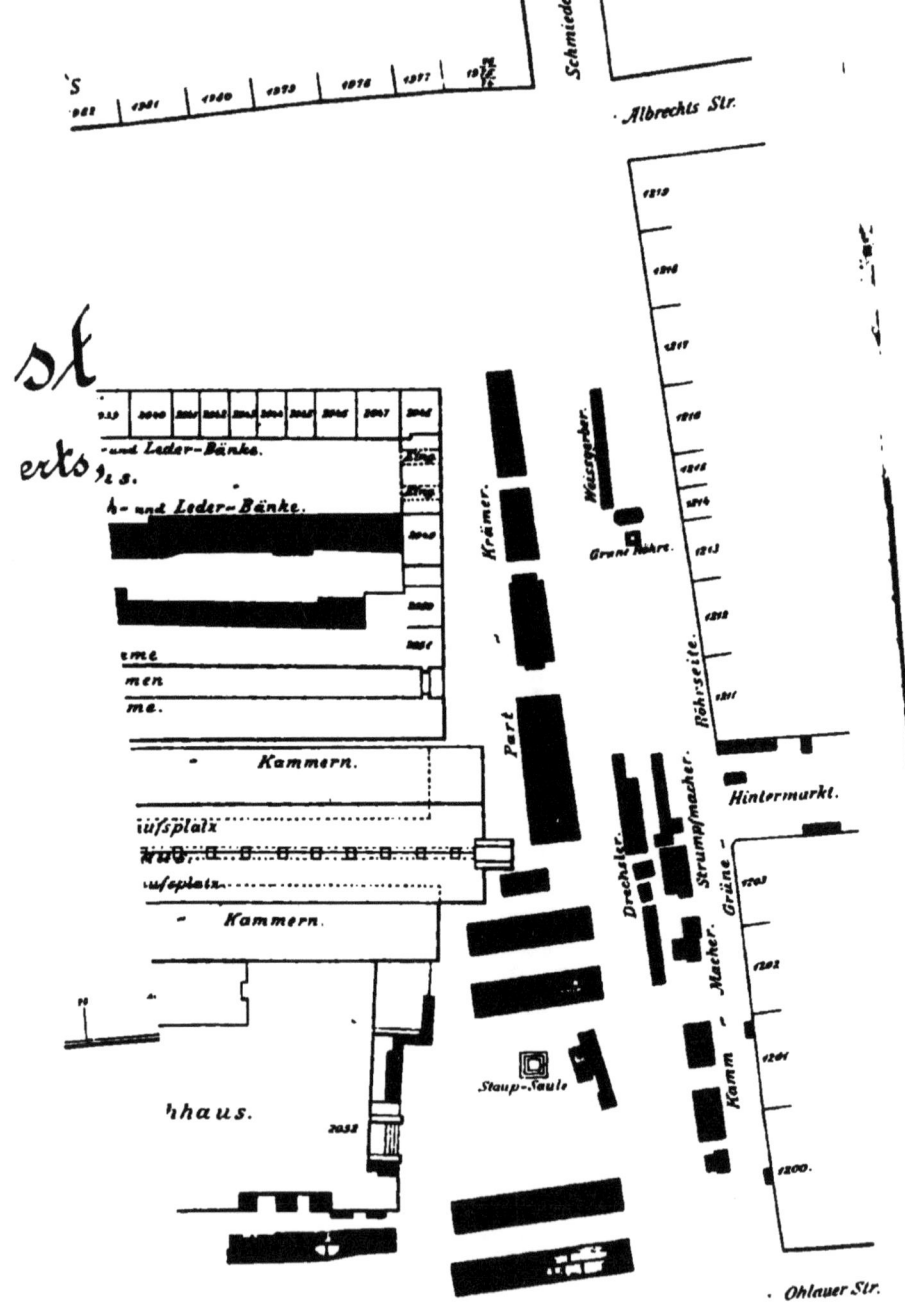